Christian Wilde-Gedächtnisvorlesung
2012

Herausgegeben vom
Institut für Unternehmens- und Kapitalmarktrecht
der Bucerius Law School

Klaus J. Hopt

Europäisches Übernahmerecht

Eine rechtsvergleichende, rechtsdogmatische und rechtspolitische Untersuchung

Mohr Siebeck

Klaus J. Hopt, Professor und Direktor (em.) am Max-Planck-Institut für ausländisches und internationales Privatrecht, Hamburg. 1974–95 o. Prof. in Tübingen, Florenz (EUI), Bern und München. Zahlreiche Gastprofessuren in den USA, Europa und Japan. Mitglied der High Level Group of Company Law Experts der Europäischen Kommission (2001–02 mit Bericht zur Übernahme-Richtlinie), der Übernahmekommission (1995–2001) und der Börsensachverständigenkommission beim Bundesministerium der Finanzen (2002–2011). Dr. h.c. mult. (Brüssel, Louvain, Paris, Athen und Tiflis), Mitglied der Deutschen Nationalakademie Leopoldina.

Die Abhandlung geht auf die erste Christian Wilde-Gedächtnisvorlesung „Europäisches Übernahmerecht" zurück, die der Verf. am 7. Juni 2012 in der Bucerius Law School in Hamburg gehalten hat. Die dort vorgetragenen Ergebnisse sind auch im Lichte der späteren Veröffentlichung des Berichts der Europäischen Kommission vom 28. Juni 2012 und der von der Kommission in Auftrag gegebenen externen Studie unverändert geblieben. Beide Berichte sind ausführlich berücksichtigt in der Hoffnung, einen Beitrag zu der von der Kommission angeregten Diskussion und zu Recht und Praxis des Übernahmerechts in der Europäischen Union und in den Mitgliedstaaten zu leisten.

ISBN 978-3-16-152360-1

Die Deutsche Nationalbibliothek verzeichnet diese Publikation in der Deutschen Nationalbibliographie; detaillierte bibliographische Daten sind im Internet über *http://dnb.dnb.de* abrufbar.

Das Buch wurde von Gulde-Druck in Tübingen aus der Sabon gesetzt, auf alterungsbeständiges Werkdruckpapier gedruckt und von der Buchbinderei Spinner in Ottersweier gebunden.

Inhaltsverzeichnis

Vorwort

Mit der ersten Christian Wilde-Gedächtnisvorlesung begründet die Bucerius Law School und mit ihr das Institut für Unternehmens- und Kapitalmarktrecht eine Tradition, die die Arbeit an der Zukunft mit der Erinnerung an einen großen Wirtschaftsanwalt und Förderer der Hochschule verbindet. Dr. Christian Wilde, in diesem Band als Mensch, als Jurist und als Seniorpartner der unter seiner Führung initiierten internationalen Kanzlei Freshfields Bruckhaus Deringer durch Christoph H. Seibt eingehend gewürdigt, gehörte zu den herausragenden Persönlichkeiten, die an der Gründung der Bucerius Law School und ihrer Etablierung im akademischen Leben teilhatten. Er trug – übrigens gleichzeitig mit dem internationalen Zusammenschluss seiner Kanzlei – in der von der ZEIT-Stiftung eingerichteten vorbereitenden Arbeitsgruppe intensiv zu den hochschulpolitischen und politischen Voraussetzungen der Gründung und Anerkennung als wissenschaftliche Hochschule bei. Im Zuge der Errichtung der Hochschule gehörte er der Gründungskommission, dem Finanzierungsausschuss und der alle juristischen Fächer umgreifenden ersten Berufungskommission an. Die Gründung und Förderung des Freshfields IT-Centers nach dem „Cambridge-Modell" war ganz wesentlich sein Werk und der Ausgangspunkt weiterer Fördereraktivitäten. Christian Wilde hat im Verein mit dem Gründern, mit Wissenschaftlern und mit Studierenden zum Selbstverständnis der Hochschule beigetragen, das weit über bloße Berufsqualifikation hinaus auf Persönlichkeitsbildung, Wissenschaftlichkeit und Verantwortungsbereitschaft ausgerichtet ist. Die Hochschule dankt Herrn Professor Hopt als einem diesen akademischen Leitbildern verpflichtetem Gelehrten von Weltrang dafür, dass er dieses Selbstverständnis im Geiste Christian Wildes mit seiner Vorlesung erlebbar gemacht hat. Die Publikation soll dieses Erlebnis bewahren und als Beitrag zum wissenschaftlichen Fortschritt verwertbar machen.

Hamburg, im Oktober 2012 | Karsten Schmidt

Grußwort

Liebe Frau Wilde,
lieber Jakob und lieber Jonathan,
lieber Herr Hopt,
lieber Herr Schmidt,
lieber Rüdiger,
liebe Freunde und Partner von Christian Wilde,
sehr geehrte Damen und Herren,

Anlass für und Hintergrund der Christian Wilde-Gedächtnisvorlesung

Wir sind heute in der Bucerius Law School zusammengekommen, um an Christian Wilde als herausragende Persönlichkeit zu erinnern und ihm auch posthum zu danken für seine Fortentwicklung der unternehmensrechtlichen Beratungspraxis und des Rollenverständnisses eines international tätigen Wirtschaftsanwaltes sowie für seine unternehmerische Weitsicht.

Die Idee einer in Zwei-Jahres-Abständen stattfindenden Christian Wilde-Gedächtnisvorlesung ist von mir in die Besprechung zur Erneuerung der Partnerschaft zwischen der Bucerius Law School und unserer, seiner Sozietät 2007 eingebracht worden, und die Bucerius Law School und vor allem auch das dortige Institut für Unternehmens- und Kapitalmarktrecht haben diesen Vorschlag ohne Zögern gutgeheißen.

Die Ehrung sollte in der Bucerius Law School stattfinden, an dem Ort der Bildung, in einem umfassenden und deutlich über die bloße juristische Ausbildung hinausgreifenden Sinne, und der wissenschaftlichen Forschung, an dem Ort also, der Christian Wilde sehr am Herzen gelegen war und für die er sich nicht nur innerhalb unserer Sozietät, sondern auch bei vielen deutschen Wirtschaftsunternehmen verwandt hat. Und es sollte eine Vorlesung sein, die thematisch die Interessen- und Beratungsschwerpunkte von Christan Wilde abdeckt, und zwar von jemandem, der den Willen und die Kraft besitzt, das Recht fortzuentwickeln.

Es ist ein großer Glücksfall, dass wir die Reihe der Christan Wilde-Gedächtnisvorlesung mit Herrn Professor Hopt beginnen können, einer der, wenn nicht sogar der international wirkungsmächtigste deutsche Unternehmensrechtler, der die deutsche Rechtsentwicklung mit Blick auf andere Jurisdiktionen und in interdisziplinärer Diskussion vielfach beeinflusst hat, gleichzeitig aber auch immer die Stimme der deutschen Rechtswissenschaft im Ausland hörbar erhoben hat.

Christian Wilde hat Klaus Hopt zeitlebens und zu Recht in außerordentlichem Maße geschätzt. Klaus Hopt wird heute zu einem Thema sprechen, das ein Fokuspunkt des wissenschaftlichen Interesses von Christian Wilde und seiner anwaltlichen Beratungspraxis war, einer Beratungspraxis, die er insbesondere mitgestaltete durch die Beratung der Continental AG in den Jahren 1990 und 1991 im Hinblick auf die vom Vorstand (und später auch vom Aufsichtsrat) abgelehnte Übernahme durch die Pirelli SpA und die geplante nachfolgende Verschmelzung der jeweiligen Reifenaktivitäten unter strategischer Führerschaft von Pirelli.

Christian Wilde war ein herausragender Exponent der zweiten Nachkriegsgeneration von Wirtschaftsanwälten, die sich als unternehmerische Gesprächspartner deutscher und vor allem auch ausländischer Unternehmensführer verstanden und die auf der Basis herausragender Rechtskenntnisse und großen Verständnisses für die Erkenntnisse der Corporate Finance und der betriebswirtschaftlichen Organisationstheorie weitblickend berieten.

Christian Wilde hat von Mitte der 70er Jahre über 30 Jahre lang, eine Generation, die Standards für eine moderne, international ausgerichtete unternehmensrechtliche Beratung mitgesetzt und durch sein unternehmerisches Wirken in unserer Anwalts-Sozietät die deutsche Rechtsberatungspraxis gegenwarts- und zukunftsfähig gemacht.

Zum Leben von Christian Wilde

Christan Wilde wurde vor knapp 73 Jahren am 21. September 1939 in Düsseldorf geboren. Er wuchs als Halbwaise in Göttingen auf und übernahm früh als ältester Sohn der Familie Verantwortung. Nach dem Abitur begann er das Studium der Rechtswissenschaften in Hamburg, ging dann für ein Auslandsjahr nach Lausanne und schloss seine deutschen

Studien in Göttingen ab. Im Jahre 1967 ging er zum LL.M-Studium an die University of California in Berkeley und wurde dort von dem brillanten „Riesen der Rechtsvergleichung und des Internationalen Privatrechts“ Albert Ehrenzweig betreut. Seine dortige Magisterarbeit „Depecage in the Choice of Tort Law“, seine erste wissenschaftliche Veröffentlichung im Southern California Review, die durch den Leading Case im internationalen Privatrecht Lillegraven vs. Tengs (1962) ausgelöst wurde, erweiterte Christian Wilde zu seiner 1969 veröffentlichten Doktorarbeit „Der Verkehrsunfall im internationalen Privatrecht – ein Beitrag zur Methodik des amerikanischen und kontinentaleuropäischen Kollisionsrecht“. Dies war eine für damalige Zeiten mit 371 Seiten außergewöhnlich umfangreiche, wissenschaftlich fundierte und mit summa cum laude benotete Arbeit. Beide juristische Staatsexamen legte Christan Wilde mit der Ausnahmenote „sehr gut“ ab.

Mit diesem Rüstzeug wollte Christian Wilde an sich zur Deutschen Bank gehen und dort als Vorstandsassistent seine Karriere beginnen. Über seinen Freund und späteren Partner Michael Lichtenauer kam Christian Wilde aber zu der sehr traditionsreichen, bereits 1840 gegründeten und seit jeher als sehr unternehmerisch und international ausgerichtet, ja kosmopolit bekannten Anwaltssozietät Stegemann Sieveking Lutteroth, der Vorläuferkanzlei des heutigen Hamburger Büros von Freshfields Bruckhaus Deringer. Ihm war ein zügigerer Erfolg als in der Bankenhierarchie versprochen und es gelang: Nach nur elf Monaten (statt der üblichen zwei Jahre) Begutachtungszeit wurde Christan Wilde 1971 Partner dieser Sozietät.

Christian Wilde gelang es auch schnell, eine zunächst überregionale und dann auch internationale Bekanntheit zu erlangen für seine hohen analytischen Fähigkeiten, seinen Perfektionsanspruch und gleichzeitig seine gestaltende Rechtskreativität, seine große wirtschaftliche Auffassungsgabe und nicht zuletzt seine unbedingte Einsatzbereitschaft. Hilfestellung kam immer einmal wieder von Alfred Herrhausen, ab 1970 Vorstand der Deutschen Bank, und dessen Hamburger Freund, streitbarer Unternehmens- und Sanierungsberater, Multi-Aufsichtsrat, u.a. Ex-Reemtsma-Vorstandsvorsitzender und später Puma-Aufsichtsratsvorsitzender, Manfred Emcke: In den Jahren 1982 und 1983 wurde Christian Wilde bekannt durch seine Beratung von Hans Gerling im Zusammenhang mit den geltend gemachten Schadenersatzansprüchen nach der Herstatt-Bank-Insolvenz, die sehr breit in den Printmedien und im

Rundfunk verfolgt wurde. In den ausgehenden 80er Jahren beriet er eine Reihe von international ausgerichteten Familien- und Inhaber-Unternehmen im Zusammenhang mit deren Neupositionierung und Wachstumsfinanzierung. So beriet er z.B. die Dassler-Brüder bei der Umwandlung der Puma KG in eine Aktiengesellschaft, deren Börsengang und der späteren Aufnahme von Finanzinvestoren. Auch bei dem Hamburger Modeunternehmen Jil Sander beriet er den Formwechsel in die Aktiengesellschaft, den Börsengang (1989), die internationale Expansion und den Verkauf an Prada (1999). Etwa zur gleichen Zeit (1988) beriet er den Hamburger Kaffeehändler Michael R. Neumann beim Erwerb des weltgrößten Rohkaffeehändlers Bernhard Rothfos AG und der nachfolgenden, globalen Umstrukturierung. In allen drei Unternehmen, wie auch bei vielen anderen gehobenen Mittelstandunternehmen sowie bei der Berenberg Bank und AON Jauch & Hübener, war Christan Wilde im Aufsichts- bzw. Beirat, bei der Jil Sander AG und bei der Neumann Gruppe GmbH über zehn Jahre der Aufsichtsratsvorsitzende.

Im Jahre 1990 wurde Christian Wilde durch den damaligen Aufsichtsratsvorsitzenden der Continental AG, Ulrich Weiss, Vorstand der Deutschen Bank, die Beratung der Gesellschaft im Zusammenhang mit dem ersten feindlichen Übernahmeversuch in Deutschland angetragen. Zusammen mit dem Finanzberater Morgan Grenfell und dem Continental-Vorstandsvorsitzenden Horst Urban entwickelte Christian Wilde eine Verteidigungsstrategie, die einerseits rechtlich fundiert war (und sich gegen die Aufhebung der damals bestehenden statutarischen Stimmrechtsbeschränkung auf 5% und auf die Sanktionierung der Verletzung von Meldepflichten nach § 20 AktG richtete) und andererseits wirtschaftlich-strategisch ausgerichtet war, nämlich dem ursprünglichen Unterstützerblock von Pirelli eine deutsche Abwehrallianz aus deutschen Automobilkonzernen wie VW, Mercedes Benz und BMW sowie der Deutschen Bank und der Allianz entgegenzusetzen. Er war damit nicht nur erfolgreich, sondern stärkte zugleich seine Position als führender Unternehmensrechtler in Deutschland.

Seit Mitte der 80er Jahre hatte Christian Wilde eine Vielzahl von M&A-Transaktionen für in- und ausländische Mandanten beraten, und er gehörte damit zu der damals sehr kleinen Gruppe weltweit bekannter Akquisitionsspezialisten. Das Manager Magazin (2/1989, S. 68) listete Christian Wilde in der Titelgeschichte „Die lautlose Elite – Eine Clique cleverer Anwälte zieht die Fäden in der Wirtschaft“ und beschrieb ihn als „Vollblutanwalt", „Starberater" und „Takeover-Spezialist". Selbstverständlich wurde er bereits in dem ersten Juve-Handbuch Wirtschaftskanzleien 1998/99 in die Spitzengruppe der M&A- und Gesellschaftsrechtsanwälte aufgenommen. Allerdings baute er in dieser Zeit auch eine sehr visible, führende Marktstellung bei der Beratung ausländischer Investoren bei Immobilienprojekten in Deutschland auf. (Ein Einschub: Zu Immobilien hatte Christian Wilde eine besondere Beziehung – von der Fokussierung der eigenen Vermögensbildung auf Immobilien bis hin zur sorgfältigen und mit großer Begeisterung vorangetriebenen Planung des Familienanwesens auf Ibiza in seinen letzten Lebensjahren.) Er beriet dabei nicht nur im Zivil- und Gesellschaftsrecht, sondern war auch ein profunder Kenner des Unternehmens- und Immobiliensteuerrechts. Eine heute kaum noch fassbare Breite des Beratungsansatzes, der Idealtypus eines spezialisierten Generalisten.

Christian Wilde war aber auch eine der prägenden unternehmerisch-strategischen Leitfiguren seiner Generation in unserer Anwalts-Sozietät. Nachdem 1989 die überörtliche Sozietät in Deutschland für zulässig erklärt worden war, führte er zunächst seine Sozietät Stegemann Sieveking Lutteroth mit der 1885 gegründeten Hamburger Kanzlei Steeger Tiefenbacher Heibey zum 1. Januar 1990 zur Anwaltssozietät Stegemann Sieveking Lutteroth & Steeger und dann in der ersten überörtlichen Dreierfusion führender Wirtschaftskanzleien zu Bruckhaus Westrick Stegemann zusammen. Am 3. Oktober 1990, dem Tag der Deutschen Einheit, wurde die von Christian Wilde, gemeinsam mit seinem Freund Michael Lichtenauer, für Hamburg verhandelte Fusionsvereinbarung unterzeichnet: Christian Wilde wurde Verwaltungsrat der damals mit 50 Partnern größten Anwaltssozietät Deutschlands.

Christian Wilde gehörte auch zu der kleinen Gruppe von Partnern, die die erste internationale Fusion einer deutschen Sozietät, nämlich den Zusammenschluss von Bruckhaus Westrick Stegemann mit der österreichischen Kanzlei Heller Löber Bahn & Partner zum 1. Januar 1989 verhandelte. Durch die Fusion erweitere sich das Beratungsspektrum nicht nur auf Österreich sondern auch auf den mittel- und osteuropäischen Beratungsmarkt; die von Christan Wilde angestrebte Erweiterung auf den polnischen Anwaltsmarkt gelang allerdings nicht.

Christan Wilde war auch die treibende und letztlich entscheidende Kraft in der Verhandlungsgruppe über den Zusammenschluss mit der englischen Kanzlei Freshfields zu Freshfields Bruckhaus Deringer zum

1. August 2000. Erste Seniorpartner der internationalen Sozietät wurden Anthony Salz aus dem Londoner Büro und – für uns deutsche Partner: natürlich – Christian Wilde, der diese Funktion bis kurz vor seinem Tod ausübte. Ein Glücksfall und Erfolgsparameter für die geglückte Fusion.

Christian Wilde im öffentlichen Leben

Trotz der Beratung sehr exponierter Mandate war Christian Wilde keine öffentliche Person in dem Sinne, dass er die Öffentlichkeit suchte oder in der Öffentlichkeit Position zur allgemeinen Rechtspolitik oder zu wissenschaftlichen Einzelfragen bezog. Er hatte wohl lange Zeit die Vorstellung, dass dies mit der strikt einzelmandatsbezogenen Arbeit kollidieren könnte.

Über Peter Hommelhoff, damals Ordinarius in Heidelberg, wurde Christian Wilde zu einem Vortrag bei dem sehr angesehenen ZGR-Symposium 1998 eingeladen. Mit seinem Beitrag zu den Informationsrechten in der Aktiengesellschaft (ZGR 1998, 423) und mit dem von uns gemeinsam verfassten Kapitel für das Handbuch Corporate Governance (herausgegeben von Hommelhoff/Hopt/von Werder) zum „Informationsfluss zwischen Vorstand und Aufsichtsrat bzw. innerhalb des Boards" in der Aktiengesellschaft bzw. Europäischen Gesellschaft (2003) betrat Christian Wilde nach etwa 30 Jahren Abstinenz wieder die wissenschaftliche Bühne – und erhielt Aufmerksamkeit. Ebenfalls ab 1989 engagierte er sich in der Gründungskommission, der Berufungskommission und Fund-Raising-Committee der Bucerius Law School; ab 2003 bis zu seinem Tod wurde er Mitglied im sechsköpfigen Gründungskuratorium der Hochschule. Im Jahre 2000 ließ er sich dann mit der Präsidentschaftsübernahme durch Peter von Foerster in das Präsidium des einflussreichen Übersee Clubs in Hamburg wählen. Er war in all diesen Funktionen eine überaus wirkungsmächtige Stimme.

Fazit

Christian Wilde war eine anwaltliche Ausnahmepersönlichkeit, bei der sich unternehmerische Weitsicht, analytische Schärfe und Präzisionsdrang, Interesse an der kreativen Rechtsfortbildung im konkreten Fall sowie unbedingter Einsatzwille und hoher Zeiteinsatz für den Mandanten (und zulasten seiner von ihm geliebten Familie) vereinigten. Hierdurch und durch seine hohe emotionale Intelligenz beeindruckte er besonders in Verhandlungssituationen; hierzu nutzte er bewusst seine starke natürliche Autorität und seinen besonderen Charme. Christian Wilde war ein strenger Ausbilder und Mentor, kühl, aber immer fair und sehr sachbezogen in seiner Kritik. Er war und ist noch heute ein Vorbild für Viele, auch für mich, ein „Role Model", und zwar nicht nur in unserer Sozietät. An ihn heute durch diese Gedächtnisvorlesung zu gedenken ist nicht nur ein Ausdruck der besonderen Wertschätzung seiner Leistung, sondern auch ein Ansporn für uns alle, ihm nachzufolgen.

Christoph H. Seibt

I. Die Revision der 13. Richtlinie über Übernahmeangebote*

Die *Richtlinie über Übernahmeangebote vom 21. 4. 2004*, auch 13. (gesellschaftsrechtliche) Richtlinie genannt,[1] regelt im Wege der Mindestharmonisierung[2] wichtige Teilprobleme der Übernahmeangebote wie die Publizität, den Aktionärsschutz durch Information und Pflichtangebot, die Pflichten der Verwaltung und die Aufsicht, vorausgesetzt die betroffenen Wertpapiere sind insgesamt oder teilweise zum Handel auf einem geregelten Markt zugelassen. Alles Übrige an Übernahmeregelungen bleibt den Mitgliedstaaten überlassen. Überdies haben die Mitgliedstaaten sich zu dem besonders kritischen Punkt der Abwehr von Übernahmen Optionsrechte vorbehalten und diese Optionen zum Schutz ihrer nationalen Unternehmen auch weithin ausgenutzt. Die *für 2013 anstehende Revision* der Übernahmerichtlinie ist im Folgenden der Ausgangspunkt. Dazu ist am 26. 6. 2012 ein Bericht der Europäischen Kommission über die Anwendung der Richtlinie in den Mitgliedstaaten und über ihre Regelungsabsichten (im Folgenden „*Anwendungsbericht der Kommission*")[3] zusammen mit einer rechtsvergleichenden und rechtsökonomischen External Study von Marccus Partners[4] veröf-

---

* Die Abhandlung ist, soweit möglich, auf den Stand vom 1. 1. 2013 gebracht. Der Verf. dankt Herrn Univ.Prof. Dr. Martin Winner, Vorsitzender der Österreichischen Übernahmekommision, Wien, für wertvolle Hinweise.

[1] Richtlinie 2004/25/EG des Europäischen Parlaments und des Rates vom 21. 4. 2004 betreffend Übernahmeangebote, ABlEU L 142/12 vom 30. 4. 2004.

[2] Das bedeutet, dass die Mitgliedstaaten strengere nationale Regeln, etwa zum Schutz der Minderheitsaktionäre oder der Arbeitnehmer, erlassen können (gold plating). Beispiele finden sich bei den Preisregeln, unten III 2 g.

[3] Europäische Kommission, Bericht der Kommission an das Europäische Parlament, den Rat, den Europäischen Wirtschafts- und Sozialausschuss und den Ausschuss der Regionen, Anwendung der Richtlinie 2004/25/EG betreffend Übernahmeangebote, Brüssel 28. 6. 2012, COM(2012) 347 final, abrufbar unter http://ec.europa.eu/internal_market/company/takeoverbids/index_en.htm. Zum Inhalt dieses Anwendungsberichts der Kommission unten I 3.

[4] The Takeover Bids Directive Assessment Report, von der Europäischen Kommission angenommen und veröffentlicht am 28. 6. 2012. Nur auf Englisch verfüg-

fentlicht worden. Zu einzelnen Fragen einschlägig ist auch der Aktionsplan der Europäischen Kommission „Europäisches Gesellschaftsrecht und Corporate Governance“ vom 12. 12. 2012.[5]

Europäisches Übernahmerecht im engeren Sinn ist danach zwar das Recht der Übernahmerichtlinie de lege lata und de lege ferenda. Im weiteren Sinn dieser Abhandlung geht es aber um die Umsetzung der Richtlinie in nationales Recht und um grundsätzliche *Gemeinsamkeiten und Unterschiede der nationalen Übernahmerechte* ausgewählter, für Übernahmen besonders wichtiger Mitgliedstaaten und um die *Zukunft eines europäischen Marktes für Unternehmenskontrolle.*

1. Unternehmensübernahmen als Regulierungsproblem

a) Grundbegriffe, Verfahrens- und Schutzprobleme bei öffentlichen Übernahmeangeboten

Unternehmen können auf zwei Arten wachsen, entweder durch internes Wachstum aufgrund guter Performance am Markt oder extern durch Übernahme eines anderen Unternehmens. Letzteres spielt heute eine herausragende Rolle. Übernahmen erfolgen ganz überwiegend kraft Vereinbarung zwischen den beiden Unternehmen auf Grund eines Hauptversammlungsbeschlusses: rechtlich handelt es sich um eine Verschmelzung oder eine andere Art der Umwandlung, wirtschaftlich spricht man von privaten Kontrolltransaktionen oder *M&A* (mergers and acquisitions).[6] Die größten M&A-Märkte sind die USA, Großbritannien und

---

bar, deswegen im Folgenden nicht als „externe Studie“, sondern als *„External Study“* bezeichnet. Die External Study enthält einen eigenen Teil (Ch. 4) mit einer Economic Study (im Folgenden *CEPS External Study*, um auch die Unterschiede beider Teile, was bloße Faktensammlung und ökonomische Theorie angeht, deutlich zu machen). Näher zu dieser External Study unten I 2 a.

[5] Europäische Kommission, Aktionsplan: Europäisches Gesellschaftsrecht und Corporate Governance – ein moderner Rechtsrahmen für engagiertere Aktionäre und besser überlebensfähige Unternehmen, Brüssel, 12. 12. 2012, COM(2012) 740/2; dazu unten III 3 a zum acting in concert. Zum Europäischen Gesellschaftsrecht und dem neuen Aktionsplan Hopt, ZGR 2013 (in Druck).

[6] Zum Ablauf eines Unternehmenskaufs mit zahlreichen Vertrags- und anderen Mustern Fabritius in Hopt, Hrsg., Vertrags- und Formularbuch zum Handels-, Gesellschafts- und Bankrecht, 4. Aufl., München 2013, I.K.1-24; Seibt, Hrsg., Beck'sches Formularbuch Mergers & Acquisitions, 2. Aufl., München 2011. Marktüberblick bei Allen & Overy, M & A Index, Q1 2012, p. 8 et s.: Top 20 global outbound acquirers/Top 20 global inbound target markets, M & A Index, Q4 2012, p. 8 et s.:

Kanada, auf dem europäischen Kontinent folgen Deutschland und Frankreich, jeweils mit einem ganz erheblichen Anteil grenzüberschreitender Übernahmen und mit Unterschieden zwischen nach innen oder nach außen gerichteten Übernahmen.

Statt durch Vereinbarung zwischen zwei Unternehmen können Unternehmensübernahmen auch durch *öffentliche Kauf- oder Übernahmeangebote* (public takeovers) des einen Unternehmens (Bieter, bidder) an die Aktionäre eines anderen Unternehmens (Zielgesellschaft, target) zustande kommen.[7] Die Aktionäre der Zielgesellschaft entscheiden dann – in der Regel ohne Einschaltung der Hauptversammlung – jeweils einzeln für sich, ob sie das Übernahmeangebot annehmen wollen oder nicht. Öffentliche Übernahmeangebote spielen herkömmlich eine besondere Rolle in den USA[8] und Großbritannien[9], in Kontinentaleuropa in Frankreich und Belgien, mittlerweile aber auch in Deutschland und anderen EU-Mitgliedstaaten. Die Entwicklung der Übernahmeaktivitäten erfolgt in starken Wellenbewegungen, die den gesamt- und finanzwirtschaftlichen Zyklen entsprechen[10] und mit der zunehmenden internationalen

---

Giersberg, Deutschland bleibt großer Exporteur von Unternehmen, FAZ Nr. 169, 23. 7. 2012, S. 12.

[7] Muster einer Angebotsunterlage für ein Übernahmeangebot bei Fabritius (Fn. 6), I.K.19, S. 296–325; Seibt/Seibt (Fn. 6), Teil E Übernahme von Aktiengesellschaften, E.I–VI, S. 831–993.

[8] Martynova/Renneboog, The Performance of the European Market for Corporate Control: Evidence from the Fifth Takeover Wave, European Financial Management 17 (2011) 208 at 210; auch Ebke, ZVglRWiss 111 (2012), 1 (14 ff.), aber mit älteren Zahlen. Neuere Übersicht bei Allen & Overy M&A Index, H1 2012, abrufbar unter http://www.allenovery.com/SiteCollectionDocuments/MandA%20Index%20H1%202012.PDF

[9] Tafel in CEPS External Study (Fn. 4), p. 284, herkömmlich machte der Übernahmemarkt im Vereinigten Königreich mehr als die Hälfte aller Übernahmen in der EU aus, ebenda, p. 285. Das Takeover Panel, Annual Report 2010–2011, berichtet nur über die Fälle, in denen es tätig geworden ist. Nach Veil, Administration von Übernahmeverfahren – Regulierungsstrategien und Aufsichtskonzepte, in: Kaemmerer/Veil, Hrsg., Übernahme- und Kapitalmarktrecht in der Reformdiskussion, Tübingen 2013 (im Erscheinen) unter II.3, in der Regel mehr als 100 Übernahmen pro Jahr, davon nur wenige Pflichtangebote. Schätzungen gehen auf nur 5 %.

[10] Dazu Anwendungsbericht der Kommission (Fn. 3), Anhang Abb. 1: Entwicklung der Übernahmeangebote in Europa seit 2003, und Abb. 2: Anzahl der Übernahmeangebote innerhalb der EU 2003–2010 mit Spitze im Jahr 2007 und Tälern in den Jahren 2004 und 2009; beide Abb. aus CEPS External Study (Fn. 4), p. 284 und p. 285. Grundsätzlicher Martynova, Takeover Waves: Triggers, Performance and Motives, ECGI Finance Working Paper No. 097/2005; Martynova/Renneboog

und globalen Verflechtung tendenziell konvergieren.[11] Für Deutschland gab es zwischen 1. 1. 2010 und 30. 6. 2011 ingesamt 42 öffentliche Kaufangebote, davon 2 einfache Kaufangebote, 27 (freiwillige) Übernahmeangebote und 13 Pflichtangebote.[12] Spektakuläre Übernahmeangebote in Deutschland[13] waren etwa UniCredit/Hypo-Vereinsbank 2005, Porsche/Volkswagen 2007, Schaeffler/Continental 2008, Deutsche Bank/ Deutsche Postbank 2010,[14] ACS/Hochtief 2010 und das 2012 wegen kartellrechtlicher Probleme gescheiterte Zusammengehen der Deutsche Börse AG und der NYSE Euronext Inc.[15]

Öffentliche Übernahmen werfen eine Fülle von *Verfahrens- und Schutzproblemen* auf. In nuce geht es dabei um folgende Konfliktsituationen. Im Vordergrund steht das *Zielunternehmen* selbst, das durch das öffentliche Übernahmeangebot, wenn es nicht wie oft vorher ausgehandelt worden ist, überrascht wird, übernommen werden soll und sich in der Regel dagegen wehren wird. Dafür muss es klare Regeln geben, und

(Fn. 8); auch Nachweise unten Fn. 20. Vgl. auch Winner, Aktuelle Entwicklungen im Übernahmerecht – M & A und die Krise, BankArchiv 2010, 82.

[11] Früher wurden drei historisch gewachsene Grundmodelle der Unternehmenskontrolle unterschieden: gesellschaftsorientiert wie in den USA, Großbritannien und anderen angelsächsischen Ländern, unternehmensorientiert wie in Deutschland und den Niederlanden, und vermittelnd wie in Frankreich, Belgien und Spanien. Dazu Wymeersch, AG 1995, 299 (305 ff.) mit Zahlen aus Großbritannien, Frankreich, Belgien und Spanien; ders., The Regulation of Takeover Bids in a Comparative Perspective, in: Buxbaum/Hertig/Hirsch/Hopt, eds., European Economic and Business Law, Berlin/New York 1996, p. 291 (294 et s.). Diese Modelle konvergieren mittlerweile. Aber immer noch External Study (Fn. 4), p. 81: shareholder-oriented (UK), company-oriented (Continental Europe) und management-oriented (USA).

[12] Liste dieser 42 Übernahmeangebote bei Seibt, Corporate Finance law (CFL) 5/2011, 213 (214 ff.). Zuletzt Giersberg, Die Übernahmewelle rollt auf hohem Niveau, FAZ Nr. 301, 27. 12. 2012, S. 15.

[13] Zu diesen und weiteren „Schlüsseltransaktionen" von Bülow, 10 Jahre WpÜG – eine kritische Bestandsaufnahme, in: Mülbert/Kiem/Wittig, Hrsg., 10 Jahre WpÜG (Übernahmerechts-Symposium am 2./3. 9. 2011), Frankfurt 2011, S. 9 (24 ff.).

[14] Einer der wenigen Fälle, die gerichtlich streitig geworden sind. Vgl. klagabweisend LG Köln, ZIP 2012, 229.

[15] Kern des Fusionsplans war ein übernahmerechtliches Tauschangebot einer neuen AlphaBeta Netherlands Holding N.V. an die Aktionäre der Deutsche Börse AG, verbunden mit einem reverse triangular merger mitsamt der NYSE Euronext Inc.; Schaubild zur überaus komplizierten Abfolge bei Seibt, CFL 5/2011, 213 (227). Untersagungsverfügung der EU-Kommission vom 1. 2. 2012, auch Zusammenfassung der EU-Kommission, EuZW 2012, 123. Vgl. zu den internationalen Börsenfusionen Teske, Die Bank 2.2012, 8.

das Verfahren darf nicht zu lange dauern, damit die Zielgesellschaft, wenn sie die Übernahme abgewehrt hat, wieder rasch ihren eigentlichen Aufgaben nachgehen kann. Betroffen sind aber auch der *Vorstand und Aufsichtsrat der Zielgesellschaft* (gemeinsam als „die Verwaltung" bezeichnet), ihre Aktionäre und ihre Arbeitnehmer. Vorstand und Aufsichtsrat verlieren, wenn eine feindliche Übernahme erfolgreich ist, in aller Regel ihr Amt und werden deshalb „ihre" Gesellschaft – und damit zugleich ihr Amt – gegen die Übernahme verteidigen. Die *Aktionäre* müssen sich überlegen, ob sie unter einem neuen Mehrheitsgesellschafter in der Gesellschaft bleiben oder Kasse machen und anderweitig investieren wollen. Letztere Möglichkeit wird ihnen genommen, wenn die Verwaltung, ohne sie zu fragen, die Übernahme abwehrt. Die *Arbeitnehmer* riskieren, dass der Neue die Gesellschaft nach seinen Interessen in seinen Konzern integriert, umstrukturiert und Entlassungen vornimmt. Sie stehen daher in aller Regel auf der Seite der Verwaltung. Mittelbar können auch *andere stakeholder*, etwa die Gemeinde, das Land oder der Staat betroffen sein, wenn es infolge der Übernahme zu Werkschließungen oder Umstrukturierungen oder sogar zu einer Sitzverlegung kommt.

b) Zur ökonomischen Theorie der Übernahmeangebote

Öffentliche Übernahmeangebote haben über die verschiedenen Einzel- und Gruppeninteressen hinaus eine *besondere wirtschaftliche Funktion*. Sie spielen sich am *Markt für Unternehmenskontrolle*[16] ab, an dem der Wettbewerb um Kontrolle über Unternehmen stattfindet. Manches spricht dafür, dass ein funktionierender Markt für Unternehmenskontrolle die Allokation der in den Unternehmen gebundenen Ressourcen tendenziell verbessert und den Strukturwandel der Volkswirtschaft befördert. Das gilt national, aber auch europäisch und international. Die Europäische Union muss deshalb ein Interesse an einem funktionierenden europäischen Übernahmemarkt haben.[17] Dem steht das Eigeninteresse einzelner Mitgliedstaaten entgegen, die zwar nach außen gerichtete Übernahmen gerne sehen, ihre eigenen nationalen Champions aber lieber protektionistisch abschotten wollen. Dieser letztere Konflikt er-

---

[16] Zum Markt für Unternehmenskontrolle unten IV 1 c (6).

[17] Aus amerikanischer Sicht Gordon, American Experience and EU Perspectives, in: Ferrarini/Hopt/Winter/Wymeersch, eds., Reforming Company and Takeover Law in Europe, Oxford 2004, p. 541 at 546.

klärt, warum die Gemeinschaft seit 1970 ein europäisches Übernahmerecht angesteuert hat, die europäische Richtlinie über Übernahmeangebote aber erst 2004 in einer stark verwässerten Kompromissform zustandegekommen ist.

Die ökonomische Theorie der Übernahmeangebote ist ausgehend von den USA hoch entwickelt und hier nicht nachzuzeichnen.[18] Nur einige für die rechtliche Regulierung des Markts für Unternehmenskontrolle wichtige Fragen sind kurz anzusprechen: sie betreffen (1) konkurrierende Erklärungen dafür, warum es zu Übernahmen kommt, (2) die positiven und negativen Auswirkungen von Übernahmen auf die verschiedenen Beteiligten einschließlich der sich damit stellenden Kartell- und Schutzprobleme, (3) das pressure to tender-problem und (4) allgemeiner die Wirtschaft. Die ökonomisch umstrittenen, zentralen Probleme der Behandlung der Kontrollprämie und der Beurteilung von Übernahmehindernissen und Verteidigungsmaßnahmen werden ausführlich unten behandelt.[19]

(1) Der Markt für Unternehmenskontrolle

Die ökonomischen Theorien dazu, warum es einen so lebhaften Markt für Unternehmenskontrolle gibt, sind höchst unterschiedlich.[20] Überwiegend geht man davon aus, dass Wertsteigerungen erwartet werden, vor

[18] Immer noch beste Einführung bei Romano, A Guide to Takeovers: Theory, Evidence and Regulation, in: Hopt/Wymeersch, eds., European Takeovers – Law and Practice, London 1992, p. 3–48; auch in 9 Yale J. of Regulation 119 (1992). Die Entwicklung der Theorie der Übernahmeangebote seit Manne, Mergers and the Market for Corporate Control, Journal of Political Economy 73 No. 2 (1965) 110 zeichnet nach Davidoff, Takeover Theory and the Law and Economics Movement, April 4, 2011, abrufbar unter http://ssrn.com/abstract=1802733 Ausführliche Nachweise zur Literatur bei Hirte/Heinrich in Hirte/von Bülow, Hrsg., Kölner Kommentar zum WpÜG (KöKoWpÜG), 2. Aufl., Köln 2010, Einl I. Zuletzt ausführlich CEPS External Study (Fn. 4) ch. 4: Economic Study. Kurz einführend Hopt, ZHR 161 (1997), 368 (371).

[19] Zur Kontrollprämie unten III 1 b und zur Abwehr unten IV 1 c.

[20] Zum Folgenden Romano (Fn. 18), p. 4–27; Martynova/Renneboog, A century of corporate takeovers: What have we learned and where do we stand?, J. of Banking & Finance 32 (2008), 2148, abrufbar unter http://www.ssrn.com/abstract=880379, at 2151 table: six takeover waves in the US, at 2152 et s: takeover profitability. Zusammenstellung der empirischen Untersuchungen bei Betton/Eckbo/Thorburn, Corporate Takeovers, in: Eckbo, ed., Corporate Takeovers, Modern Empirical Developments, Elsevier 2010, vol. 1, p. 3. Auch Hirte/Heinrich in KöKoWpÜG/Hirte/von Bülow (Fn. 18) Einl 11–30 mit Zweifeln an der Übertragbarkeit der US-amerikanischen Ergebnisse und eigenen Schlussfolgerungen, Einl 31–34. Zur streitigen

allem operationelle und finanzielle Synergiegewinne,[21] aber auch Verringerung von agency-Kosten[22] durch neue, bessere Unternehmensführung und Ausnutzung von tatsächlichen oder vermeintlichen Marktineffizienzen. Nach dieser Vorstellung fördert ein funktionierender Markt für Unternehmenskontrolle, wie zuvor gesagt, die Allokation der in den Unternehmen vorhandenen Ressourcen und den Strukturwandel in der Volkswirtschaft. Dass, wie eine andere Theorie annimmt, Übernahmen wegen möglicher Gewinne auf Kosten von Steuerzahlern, Anleihegläubigern, Arbeitnehmern und Verbrauchern erfolgen, ist nach den empirischen Befunden eher unwahrscheinlich. Aber auch andere als wertsteigernde Gründe werden angeführt wie z.B. Diversifizierung, Eigeninteresse des Management (empire building), freier cash flow beim Bieter und Überschätzung der eigenen unternehmerischen Fähigkeiten (managerial hubris). Dafür finden sich in der Übernahmepraxis immer wieder einschlägige Beispiele, eine allgemeine Erklärung für Übernahmen bieten diese Gründe aber nicht.

Richtig ist allerdings, dass Übernahmeangebote in der Praxis keineswegs immer wirtschaftlich effizient sind. Als Gründe dafür führt die Kommission unter Hinweis auf die External Study aus, „die Voraussetzungen eines rationalen Verhaltens, umfassend unterrichteter Marktteilnehmer und des Wegfalls von Transaktionskonsten" seien „mitunter nicht erfüllt".[23] Übernahmeangebote führen typischerweise zu Kursgewinnen der Zielgesellschaft und, wenn auch weniger ausgeprägt, zu Kursverlusten der Bietergesellschaft,[24] bei Aggregation der Gewinne und

ökonomischen Beurteilung von Pflichtangeboten und des Verhinderungsverbots s.u. III 1 b und IV 1 c.

[21] Romano (Fn. 18) at 7 et s.; Goergen/Renneboog, Shareholder Wealth Effects of European Domestic and Cross-border Takeover Bids, European Financial Management 10 (2004) 9, abrufbar unter http://www.ssrn.com/abstract=513539; Humphery-Jenner/Powell, Firm size, takeover profitability, and the effectiveness of the market for corporate control: Does the absence of anti-takeover provisions make a difference? Journal of Corporate Finance 17 (2011), 418; Martynova/Renneboog (Fn. 8), European Financial Management 17 (2011), 208. Aber auch sogleich unten bei Fn. 25 zur insgesamt positiven Bilanz.

[22] Unten I 1 b (2).

[23] Anwendungsbericht der Kommission (Fn. 3) 2 Nr. 12, übernommen aus External Study (Fn. 4), p. 18: Key Result 6. Verhaltensökonomische Begründungen bei Langevoort, The Behavioral Economics of Mergers and Acquisitions, October 16, 2010, abrufbar unter http://ssrn.com/abstract=1692777.

[24] Barry/Hatfield, Pills and Partisans: Understanding Takeover Defenses,

Verluste der beteiligten Aktionäre ist die Bilanz aber signifikant positiv.[25] Die Kursverluste des Bieters lassen sich damit erklären, dass der Bieter dem Kontrollaktionär (bzw. den Aktionären) der Zielgesellschaft über den Wert der Anteile hinaus die private benefits of control[26] auszahlt, aber auch mit der hohen Unsicherheit über den wirtschaftlichen Erfolg einer zustande gekommenen Übernahme. Tatsächlich erweisen sich Übernahmen in vielen Fällen im Nachhinein als wirtschaftliche Fehlentscheidung,[27] dies häufig deshalb, weil die Schwierigkeiten nicht nur der organisatorischen Zusammenführung, sondern der tatsächlichen Integration der beiden Unternehmen und ihrer Unternehmenskulturen unterschätzt werden. Das ist bei grenzüberschreitenden Übernahmen noch ausgeprägter als bei inländischen. In welchen Fällen das tatsächlich so eintritt, lässt sich aber trotz aller Erkenntnisse und Erfahrungen ex ante nur schwer sagen und muss dem Entdeckungsverfahren Markt überlassen bleiben.

Volkswirtschaftlich spricht deshalb dieser Befund für *Regeln*, die national und international für *offene, gut funktionierende Märkte für Un-*

U.Pa.L.Rev. 160 (2012) 633 at 695 m.w.N.; Martynova/Renneboog (Fn. 20) at 2153 et s.; Goergen/Renneboog (Fn. 21); Moeller/Schlingemann/Stulz, Firm size and the gains from acquisitions, Journal of Financial Economics 73 (2004), 201.

[25] Martynova/Renneboog (Fn. 20) at 2164; Martynova/Renneboog (Fn. 8), European Financial Management 17 (2011) 208; Betton et al. (Fn. 20) at 115, 120; S. Sudarsanam, Creating Value from Mergers and Acquisitions: The Challenges, 2d ed., Prentice Hall 2010, at 656 et s. Weitere Nachweise zum Ganzen bei Armour/Skeel, Who Writes the Rules for Hostile Takeovers and Why? – The Peculiar Divergences of U.S. and U.K. Takeover Regulation, 95 Geo. L.J. 1727 (2007) at 740, auch in auch ECGI Law Working Paper 73/2006, p. 15 et s. Versuch einer anderen Interpretation bei White, Reassessing the Rationales for the Takeover Bids Directive's Board Neutrality Rule, (2012) European Business Law Review 789 at 794 et s.

[26] Zu den private benefits of control unten I 1 b (3).

[27] Dieser in der Praxis häufig zu beobachtende Umstand wird auch durch neuere Langfriststudien bestätigt, z.B. Malmendier/Moretti/Peters, Winning by Losing: Evidence on the Long-Run Effects of Mergers, working paper, Berkeley, April 2012: Winners in merger contests (USA, 1985–2009) underperform losers by 50 percent over the following three years; aber mit sehr vorsichtigen Folgerungen; Malmendier/Tate, Who makes acquisitions? CEO overconfidence and the market's reaction, Journal of Financial Economics 89 (2008), 20; auch Martynova/Renneboog (Fn. 20) at 2164, wegen des bei Langfriststudien besonders großen Kausalitätsproblems ebenfalls vorsichtig, dazu auch unten Fn. 346. Aus Praktikersicht Austmann, Integration der Zielgesellschaft nach Übernahme, in: Veil, Hrsg., Übernahmerecht in Praxis und Wissenschaft, Köln 2009, S. 164. Auch Ballwieser, Wenige Übernahmen schaffen Mehrwert, FAZ Nr. 209, 3. 9. 2012, S. 10.

ternehmenskontrolle sorgen. Dazu gehören Vorschriften über Wettbewerbsbeschränkungen, also Kartell- und Fusionskontrollrecht, aber auch Regelungen gegen übermäßige Abschottung von Unternehmen vor Übernahmen durch Übernahmehindernisse und international durch protektionistische Maßnahmen.

(2) Die Prinzipal-Agenten-Probleme bei Unternehmensübernahmen

Bei Unternehmensübernahmen stellen sich drei grundlegende Prinzipal-Agenten-Probleme: zwischen den Aktionären und der Verwaltung der Zielgesellschaft, so typischerweise in nicht kontrollierten Gesellschaften; zwischen der Minderheit und der Mehrheit in kontrollierten Gesellschaften; und schließlich allgemeiner zwischen den Aktionären und den Arbeitnehmern und anderen Gläubigern.[28] Der erstgenannte Konflikt stellt sich vor allem dann, wenn eine ineffiziente Verwaltung sich durch Verteidigungsmaßnahmen im Sattel hält und den Aktionären den Exit unmöglich macht. Der zweite Konflikt tritt auf, wenn ein Bieter die Kontrolle der Zielgesellschaft erwirbt und die Minderheit befürchten muss, künftig ausgebeutet zu werden, und deshalb – möglichst unter Partizipation an der vom Bieter bezahlten Kontrollprämie, jedenfalls aber zu einem fairen Preis – ausscheiden will. Der dritte Konflikt besteht, wenn die Interessen der Arbeitnehmer oder anderen Gläubiger bei der Übernahme mißachtet werden.

Übernahmerechtlich spricht das für *Regeln* über zulässige und unzulässige Übernahmehindernisse und Verteidigungsmaßnahmen (erster Konflikt);[29] für die Möglichkeit, zu einem dem Wert der Aktie angemessenen Preis auszuscheiden, statt einen je nach Rechtsordnung zweifelhaften, späteren Konzernrechtsschutz abzwarten und unter Umständen einklagen zu müssen (zweiter Konflikt);[30] und für Regeln zum Schutze

[28] Kraakman/Armour/Davies/Enriques/Hansmann/Hertig/Hopt/Kanda/Rock, The Anatomy of Corporate Law, 2d ed., Oxford 2009, at 35 et s.

[29] In Gesellschaften mit Streubesitz ergibt sich dabei ein Zielkonflikt zwischen dem Schutz der Aktionäre und dem der Arbeitnehmer. Erstere sind durchaus an Übernahmeangeboten interessiert. Letztere stehen Übernahmen in der Regel kritisch gegenüber, weil sie Rationalisierungsmaßnahmen befürchten. Belegschaft und in der Zielgesellschaft vertretene Gewerkschaften halten deshalb in der Regel zur Verwaltung. Zur ökonomisch umstrittenen Beurteilung von kontrollverstärkenden Maßnahmen (control enhancing mechanisms, CEM) unten IV 2 d.

[30] Zum Pflichtangebot unten III.

der Arbeitnehmer[31] und sonstiger Gläubiger,[32] vor allem Transparenzregeln, möglicherweise auch Regeln über Sicherstellung oder sogar Mitsprache (dritter Konflikt).[33]

(3) Besondere Schutzprobleme bei Übernahmeangeboten

Bei Übernahmeangeboten sind die Aktionäre, die nicht Kontroll- oder Paketaktionäre sind, in verschiedener Hinsicht besonders gefährdet. Abgesehen von den allgemeinen Schwierigkeiten der Koordination (*collective action problem*) kann es dazu kommen, dass sie sich gezwungen se-

---

[31] Mitsprache der *Arbeitnehmer* erfolgt in Ländern mit unternehmerischer Mitbestimmung über den board bzw. Aufsichtsrat (auch unten Fn. 76). Eigene, speziell übernahmerechtliche Mitspracherechte der Arbeitnehmer sind dagegen problematisch und finden sich in den verschiedenen Übernahmerechten in der Regel nicht. Der übernahmerechtliche Schutz der Arbeitnehmer erfolgt durch Transparenz, de Vos/Heynen, Employee Participation and Takeovers under EC Law, in: van Hooghten (Fn. 51), p. 89 et s.; auch unten I 2 b Fn. 76. Nach dem britischen Takeover Code haben die Arbeitnehmervertreter das Recht, eine eigene Stellungnahme zu einem Übernahmeangebot abzugeben, deren Kosten (einschließlich derer für die Verifizierung der darin gemachten tatsächlichen Angaben) die Zielgesellschaft tragen muss, vgl. Rule 25.9 n. F. 2011, auch Rule 2.12 nF 2011. Dazu Takeover Panel Code Committee, 26. 11. 2012 (Fn. 409), paragraph 8.1; zur Häufigkeit solcher Stellungnahmen ebenda, paragraph 8.2: bislang selten, deutlich mehr seit 2011. Für Neuorientierung der Richtlinie im Lichte der Arbeitnehmerinteressen Sjafjell, The Core of Corporate Governance: Implications of the Takeover Directive for Corporate Governance in Europe, (2011) EBLR 641; idem, Political Path Dependency in Practice: The Takeover Directive, 27 Yearbook of European Law 387 (2008); idem, Towards a Sustainable European Company Law – A Normative Analysis of the Objectives of EU Law, with the Takeover Directive as a Test Case, Alphen aan den Rijn 2009. Abzulehnen ist jedenfalls die Überlegung, einer nationalen Aufsichtsbehörde die Befugnis zu geben, die Folgen einer Übernahme auf die Arbeitnehmerschaft ähnlich wie bei der Kartellaufsicht oder im Bankensektor bei der financial stability zu berücksichtigen; dies erwägend Clarke, Directors's Duties in a Changing World: Lessons from the Cadbury Plc Takeover, 7 European Company Law 204 (2010); auch idem, Reviewing Takeover Regulation in the Wake of the Cadbury Acquisition: Regulation in a Twirl, (2011) Journal of Business Law 298.

[32] Francis/Hasan/John/Waisman, The effect of state antitakeover laws on the firm's bondholders, Journal of Financial Economics 96 (2010) 127.

[33] Zur Frage der Ausrichtung der Gesellschaft und des Verwaltungshandelns auf das Aktionärsinteresse (shareholder value) oder am Unternehmensinteresse holzschnittartig External Study (Fn. 4), p. 76; ausführlicher CEPS External Study (Fn. 4), p. 342 et s. Vgl. Kraakman et al., Anatomy (Fn. 28), p. 29 et s. m. w. N.; Hall/Soskice, eds., Varieties of Capitalism: The Institutional Foundation of Comparative Advantage, Oxford/New York 2001.

hen, das Übernahmeangebot individuell anzunehmen, obwohl es im Interesse aller Aktionäre liegen könnte, es abzulehnen (*pressure to tender*).[34] Denn mangels entsprechender Regelungen könnte der Bieter nur Teilangebote oder gestaffelte Angebote (two-tier bids, das erste günstiger als das zweite) machen. Auch besteht die Gefahr, dass bei Erfolg der Übernahme die nicht annehmenden Aktionäre Nachteile am Markt (*mangelnde Liquidität* der verbleibenden freien Aktien) oder in der Gesellschaft haben werden, weil der erfolgreiche Bieter seine Kontrollmacht mißbraucht (bestimmte *private benefits of control*).[35] Abhilfe können je nachdem das Verbot von Teilangeboten, das Pflichtangebot, die Verlängerung der Annahmefrist (§ 16 Abs. 2 WpÜG, Zaunkönigregelung), Transparenzregeln bei Interessenkonflikten und Minderheitenschutz bieten.

(4) Externe Corporate Governance durch den Markt für Unternehmenskontrolle

Von besonderem tatsächlichen und regulatorischen Interesse nicht nur für die eben genannten Prinzipal-Agenten-Konflikte, sondern allgemeiner für die Wirtschaft ist der Effekt, den Übernahmen, vor allem feindliche Übernahmen[36]– tendenziell, also nicht notwendigerweise im konkreten Fall – für die Kontrolle über die Verwaltung haben können.[37] Denn die Aussicht, in der Folge eines feindlichen Übernahmeangebots die Stellung im Zielunternehmen zu verlieren, ist ein Anreiz für die Verwaltung, durch bessere Unternehmensführung für höhere Kurse zu sor-

---

[34] Zu den coordination issues, also *free-riding* und *pressure to tender*, CEPS External Study (Fn. 4), p. 275 et s. Zum free-riding Grossman/Hart, Takeover bids, the free-rider problem, and the theory of the corporation, The Bell J. of Economics 11 No. 1 (1980) p. 42. Zum squeeze-out als Regelung gegen das free-riding und zum sell-out als Regelung gegen pressure to tender unten II 3 b. Auch das Pflichtangebot entschärft das pressure to tender.

[35] Die in der ökonomischen Theorie diskutierten private benefits of control können auch Vorteile des Kontrollaktionärs umfassen, die zugleich für die übrigen Aktionäre nützlich sind (value-creating v. value-expropriating). Näher unten III 1 b (2) Fn. 131.

[36] Freundliche und feindliche Übernahmen lassen sich in der Praxis nur schwer unterscheiden. Wenn eine Übernahme nicht mehr zur vermeiden ist, wird die Verwaltung der Zielgesellschaft meist kooperieren. Die Unterscheidung taugt deshalb für die Regulierung nicht und wird international auch dafür nicht eingesetzt, unten IV 1 c (5).

[37] Näher unten IV 1 c (6).

gen und damit an sich mögliche Übernahmen (zu) teuer zu machen. Die interne Corporate Governance durch den Aufsichtsrat, die Hauptversammlung, durch Pflichten und Haftung der Verwaltung sowie durch andere Institute und Maßnahmen reicht nicht aus, schon gar nicht bei Gesellschaften im Streubesitz, bei denen die Aktionäre nicht hinreichend imstande sind, die Verwaltung zu kontrollieren. Sie muss durch externe Corporate Governance über Marktmechanismen, vor allem den Markt für Unternehmenskontrolle, ergänzt werden.[38] Demgegenüber wird meist angenommen, dass der Schutz der Aktionäre des Bieters vor Übernahmeangeboten, die das Bieterunternehmen gefährden können, nach allgemeinen aktienrechtlichen Grundsätzen grundsätzlich ausreicht.[39]

(5) Folgerungen

Auch wenn die grundsätzliche Wichtigkeit von Übernahmen und des Marktes für Unternehmenskontrolle anerkannt ist, ist es doch schwierig und mit Unsicherheiten behaftet, Aussagen über konkrete Kausalitäten und Effekte von Übernahmeregelungen zu machen. Für die Übernahmerichtlinie gilt das in besonderem Maße, weil sie erst 2006/2007 in den Mitgliedstaaten umgesetzt worden und die Isolierung der daraus und der aus der Finanzmarktkrise resultierenden Effekte kaum möglich ist. Immerhin können Tendenzaussagen versucht werden.[40]

c) Die Mutterregelung im City Code on Takeovers and Mergers

Für Europa und das europäische Übernahmerecht ist die Mutterregulierung die im Vereinigten Königreich. Dort gibt es seit 1967 den gesetzlich nicht kodifizierten *City Code on Takeovers and Mergers*, der auch nach Erlass und Umsetzung der Richtlinie über Übernahmeangebote von dem

---

[38] Ebenda.

[39] Näher Davies/Hopt, ch. 8: Control Transactions, in Kraakman et al., Anatomy (Fn. 28), p. 225 at 232. Weitergehend gibt es im Vereinigten Königreich und seit 2004 in den Niederlanden Regeln dahin, dass die Aktionäre der Bietergesellschaft ab einer bestimmten Schwelle vor Abgabe eines Übernahmeangebots gefragt werden müssen. Dies als Reformvorschlag für die EU vorschlagend Winter, Conference of International Takeover Regulations, Vienna, 9. 9. 2011.

[40] So vorsichtig die CEPS External Study (Fn. 4), ch. 4, dort zur Wirkung der verschiedenen Regelungen (z. B. MBR, BNR, BTR) Tafel p. 322, zur Wirkung auf die Wettbewerbsfähigkeit p. 323 et s. und auf die Arbeitsmärkte p. 342 et s.; zusammenfassend p. 357–358.

Panel on Takeovers and Mergers, das keine staatliche Behörde ist, administriert wird.[41] Diese Regelung ist in verschiedenen europäischen Staaten noch vor Erlass der Richtlinie im Jahre 2004 rezipiert worden, teils inhaltlich und prozedural, teils was die Regulierung durch freiwilligen Kodex angeht, so z. B. in der Schweiz[42] und mit erheblicher Phasenverzögerung[43] zunächst auch in Deutschland.[44] Auch die Richtlinie selbst hat sich zwar nicht der Kodexidee angeschlossen,[45] aber sehr wohl in weiten Teilen der britischen Regelung der Übernahmeangebote. Bis heute haben die britische Praxis und Regulierung von Übernahmeangeboten einen erheblichen Einfluß auf Deutschland und andere Länder. So sind immer wieder britische Klauselpraktiken – in Deutschland etwa die Bieterstrategie des low balling[46] und die verschiedenen deal protection measures[47] – aufgenommen und rechtlich erörtert worden, und die jüngste Reform des Takeover Code von 2011 mit ihren Einschränkung von inducement fees und ähnlichen Klauseln wird in Deutschland aufmerksam verfolgt.[48]

---

[41] Näher unten IV 1 b (2), V 3 a, b.

[42] Übernahmekodex der Schweizer Börsen, 1. 9. 1989, und die Kommission für Regulierung.

[43] Zu den Gründen für die zögerliche Entwicklung eines Übernahmemarktes und seiner Regulierung in Deutschland Hopt, European Takeover Regulation: Barriers to and Problems of Harmonizing Takeover Law in the European Community, in: Hopt/Wymeersch (Fn. 18), p. 165 at 167 et s.: Institutional/Structural Factors (capital markets, banking, disclosure and transparency), 170 et s.: Technical Legal Factors (corporation law, law of groups, labor representation on corporate boards, merger control).

[44] WpÜG 14. 7. 1995, abgedruckt in ZIP 1995, 1464, zuvor wenig bedeutsame Leitsätze für öffentliche freiwillige Kauf- und Umtauschangebote ... vom Januar 1979, abgedruckt bei Baumbach/Hopt, HGB, 29. Aufl., München 1995, Nebengesetze 18. Übernahmekodex und Übernahmekommission in Deutschland seit 1979, näher Hopt, ZHR 161 (1997), 368 (393 ff.).

[45] Die Möglichkeit einer freiwilligen Selbstkontrolle ist auf britischen Druck in der Richtlinie vorbehalten, Präambel, Erwägungsgrund (7): „Stellen der freiwilligen Selbstkontrolle sollten die Aufsicht führen können."

[46] Unten III 2 c.

[47] Unten IV 2 e.

[48] Hopt, Stand der Harmonisierung der europäischen Übernahmerechte – Bestandsaufnahme, praktische Erfahrungen und Ausblicke, in: Mülbert u. a. (Fn. 13), S. 42 (60 f.) m. w. N.

2. *Die europäische Richtlinie über Übernahmeangebote von 2004 und ihre Umsetzung*

a) Die 13. Richtlinie und ihre Revision

Die Richtlinie betreffend Übernahmeangebote vom 21.4. 2004, auch 13. (gesellschaftsrechtliche) Richtlinie genannt,[49] ihre langjährige Vorgeschichte seit 1970, ihr nur als mühsamer Kompromiss verständlicher Inhalt und ihre Umsetzung – in Deutschland im WpÜG vom 20. 12. 2001[50] – sind in der Literatur breit behandelt worden.[51] Darauf ist hier zu verweisen. Jetzt steht die *Revision* der Richtlinie an, die nach Art. 20, 21 spätestens fünf Jahre nach dem Umsetzungszeitpunkt vom 20. 5. 2006 zu erfolgen hat. Bei dieser Revisionsklausel handelt es sich um eine weiche sunset clause, mit der sich die Kommission ein Wiederaufgreifen der Regelung gesichert hat, nachdem sie mit ihrem ursprünglichen Ziel eines level playing field für Übernahmen in Europa gescheitert war.[52] Die Überprüfung der bei der Anwendung der Richtlinie gewonnenen Erfahrungen einschließlich einer „Untersuchung der Kontrollstrukturen und

[49] Oben Fn. 1.

[50] Hopt, ZHR 166 (2002), 383; Veil, Übernahmerecht in Praxis und Wissenschaft (Fn. 27). Aus der Kommentarliteratur u.a. Assmann/Pötzsch/Schneider, Hrsg., WpÜG, Köln 2005; Baums/Thoma, WpÜG, Köln 2004 ff. (LBl); Haarmann/Schüppen, Frankfurter Kommentar zum WpÜG, 3. Aufl., Frankfurt 2008; KöKoWpÜG/Hirte/von Bülow (Fn. 18). Zahllose Dissertationen und Aufsätze; umfangreiche Literaturnachweise zuletzt in KöKoWpÜG Einleitung.

[51] Ferrarini/Hopt/Winter/Wymeersch (Fn. 17); kommentarartig Wouters/van Hooghten/Bruyneel, The European Takeover Directive: A Commentary, in: van Hooghten, eds., The European Takeover Directive and its Implementation, Oxford 2009, p. 3 et s. und 21 ausführliche Länderberichte in diesem Band; mehr kursorisch Maul/Muffat-Jeandet/Simon, eds., Takeover bids in Europe, The Takeover Directive and its implementation in the Member States, Freiburg 2008; Meyer, Die Übernahme börsennotierter Aktiengesellschaften nach der EU-Übernahmerichtlinie, Hamburg 2006; Mukwiri, Takeovers and the European Legal Framework, London/New York 2009; Papadopoulos, EU Law and the Harmonization of Takeovers in the Internal Market, Alphen aan den Rijn 2010; Grundmann, Europäisches Gesellschaftsrecht, 2. Aufl., Heidelberg 2011, § 27; Lutter/Bayer/J. Schmidt, Europäisches Unternehmens- und Kapitalmarktrecht, Berlin/Boston, § 30; Mülbert, NZG 2004, 633; Grundmann, NZG 2005, 122; Menjucq, The European Regime on Takeovers, ECFR 2006, 222; Seibt/Heiser, AG 2006, 301; Diekmann, NJW 2007, 17; Kersting, EuZW 2007, 528; Mosca, The Takeover Bids Directive: An Opportunity for Europe or Simply a Compromise? 28 Yearbook of European Law 308 (2009); zuletzt Kö/KoWpÜG/Hirte/Heinrich (Fn. 18), Einl 60–69c.

[52] Hopt (Fn. 48), S. 43 mit Nachweisen zu sunset clauses und Zeitgesetzen.

Übernahmehindernisse für Übernahmeangebote ..., die nicht in den Anwendungsbereich der Richtlinie fallen"[53] erfolgt auf der Grundlage einer von der Kommission bei *Marccus Partners*[54] – der Anwaltsfirma der *Mazars Group*, einer der größten britischen accounting-Firmen – in Verbindung mit dem *Centre for European Policy Studies (CEPS)*, Brüssel, in Auftrag gegebenen rechtsvergleichenden und empirischen Untersuchung.[55] Diese sogenannte External Study umfasst ohne ihre umfangreichen Anhänge 367 Seiten und ist zusammen mit einem Bericht der Kommission[56] am 28.6. 2012 veröffentlicht worden. Darin werden die Übernahmerechte von 22 der 27 Mitgliedstaaten der EU[57] sowie einer Reihe von Nichtmitgliedstaten wie Schweiz, USA und Australien untersucht.[58] Frankreich, Deutschland, Italien, Spanien und das Vereinigte Königreich sind als „Main EU Jurisdictions" hervorgehoben.[59]

b) Die Umsetzung der 13. Richtlinie nach dem Zwischenbericht

Dieser Studie vorausgegangen sind, um nur die beiden wichtigsten zu nennen, ein *Zwischenbericht* der Kommission über die Umsetzung der Übernahmerichtlinie vom 21.2. 2007[60] und eine *Erhebung von Davies u.a.* von 2010.[61] Über die Ergebnisse des Zwischenberichts der Kommis-

---

[53] Art. 20 Abs 1 Satz 1 und 2 der Richtlinie.

[54] Federführend Christophe Clerc und Fabrice Demarigny, beide von der Pariser Niederlassung. Von diesen jetzt (nach Drucklegung): Clerc/Demarigny/Valiante/Manuel Aramendia, A Legal and Economic Assessment of European Takeover Regulation, Brussels/Paris 2012 (abgekürzte Fassung der External Study mit einzelnen Kommentaren zu den Reformoptionen, p. 103 et s., selbst ohne eigene Parteinahme zu diesen und ohne ausführlichere Nachweise).

[55] External Study (Fn. 4).

[56] Näher unten I 3 a.

[57] Außer Bulgarien, Lettland, Litauen, Malta und Slovenien.

[58] Aufzählung in Anwendungsbericht der Kommission (Fn. 3) 2 No. 6 Fn. 4 und Nr. 13 Fn. 15.

[59] External Study (Fn. 4), p. 53. Vgl. auch die Überblicke bei Clifford Chance, A Guide to Takeovers in the United States, New York 2010; A Guide to Takeovers in the UK, London 2011; A Guide to Takeovers in Germany, Frankfurt 2012.

[60] Commission Staff Working Document, Report on the implementation of the Directive on Takeover Bids, Brussels, 21.2. 2007, SEC (2007), 268, im Folgenden: *Zwischenbericht* der Kommission. Dazu Hopt, Obstacles to corporate restructuring: observations from a European and German perspective, in: Tison/de Wulf/van der Elst/Steennot, eds., Perspectives in Company Law and Financial Regulation, Cambridge 2009 (Essays in Honour of Eddy Wymeersch), p. 373 at 378 et s.

[61] Davies/Schuster/van de Walle de Ghelcke, The Takeover Directive as a Protec-

sion und der Erhebung von Davies u. a. ist bereits an anderer Stelle ausführlich berichtet worden.[62] Danach ergibt sich ein differenziertes Bild. Die Kommission beklagt zu Recht, dass: „The number of Member States implementing the Directive in a seemingly protectionist way is unexpectedly large.“[63] und Davies resumiert, dass es Verbesserungen zum Verhinderungsverbot (Art. 9 i. V. m. Art. 11 und 12) nur in 2 % des zusammengerechneten, europäischen Kapitalmarkts, keine Veränderungen in 61 %, aber Verwässerungen in 37 % gegeben hat, also dass eine signifikante Bewegung weg von bieterfreundlichen Regeln stattgefunden hat.[64] Andererseits sind entgegen der pessimistischen Einschätzung der Kommission noch im Zwischenbericht doch deutliche, in der Literatur und Öffentlichkeit bisher unterschätzte Erfolge der Richtlinie zu verzeichnen, wie auch die Kommission nunmehr festgestellt hat: beim Pflichtangebot (Art. 5), den allgemeinen Grundsätzen (Art. 3), den Regeln über Information (Art. 6, 8, 10, 14), dem Verfahrensablauf (u. a. Art. 6, 7, 8, 13), der Aufsicht (Art. 4) und beim squeeze-out und sell-out (Art. 15, 16).[65]

3. Der Anwendungsbericht der Kommission vom 28. 6. 2012

a) Der Anwendungsbericht

Der Anwendungsbericht der Kommission vom 28. 6. 2012[66] nennt als Ziele der Übernahmerichtlinie Rechtssicherheit, Schutz der Aktionäre, insbesondere Minderheitsaktionäre, sowie der Beschäftigten und anderen Interessenträger durch Transparenz, Erleichterung von Übernahmeangeboten und Stärkung des Binnenmarkts durch Ermöglichung des

tionist Tool? in: Bernitz/Ringe, eds., Company Law and Economic Protectionism, Oxford 2010, p. 105; auch in ECGI Law Working Paper No 141/2010, February 2010, abrufbar unter http:/ssrn.com/abstract=1554616.

[62] Zum Zwischenbericht der Kommission und zur Studie von Davies et al. Hopt (Fn. 48), S. 43–47.

[63] Zwischenbericht der Kommission (Fn. 60), p. 10. Zu diesen und weiteren protektionistischen Tendenzen in den Mitgliedstaaten Hopt (Fn. 48), S. 46–47.

[64] Schaubild bei Davies et al. (Fn. 61) at 155.

[65] Anwendungsbericht der Kommission (Fn. 3) 2 Nr. 9, 10; External Study (Fn. 4), p. 18; diese Einschätzung auch schon bei Hopt (Fn. 48), S. 45–46; Wymeersch, The Takeover Directive, light and darkness, p. 14, available at http://ssrn.com/abstract=1086987.

[66] Oben Fn. 3.

freien Kapitalverkehrs in der gesamten EU.[67] Zur Auswirkung meint die Kommission, die Richtlinie habe nicht zu wesentlichen Veränderungen des Rechtsrahmens der in die Studie einbezogenen Mitgliedstaaten geführt, weil schon vorher ähnliche nationale Vorschriften bestanden oder sich in Ausarbeitung befunden haben.[68] 19 Mitgliedstaaten haben danach das Neutralitätsgebot für das Leitungs- bzw. Verwaltungsorgan umgesetzt, was die Kommission als „relative success" ansieht,[69] nur 3 Mitgliedstaaten[70] jedoch die Durchgriffsvorschrift, und die Hälfte der Mitgliedstaaten hat von der Option der Reziprozitätsklausel Gebrauch gemacht.[71] Die Kommission sieht im Anschluss an die externe Studie und die Befragungen Verbesserungen und nennt dazu ebenfalls die Aufsicht, die allgemeinen Grundsätze der Richtlinie, die Offenlegungsvorschriften, das Pflichtangebot und die Ausschluss- und Andienungsrechten (squeeze-out und sell-out). Sie weist aber auch auf das Vorbringen der Arbeitnehmervertreter hin, die Richtlinie schütze nicht hinreichend vor Veränderungen der Arbeitsbedingungen und vor Kündigungen nach der Übernahme. Wenig Wirkung habe die Richtlinie im Hinblick auf den Einsatz von Abwehrmaßnahmen gezeitigt. Trotz der Richtlinie gebe es in Europa noch zahlreiche Abwehrmaßnahmen, besonders in der Vorangebotsphase. Nach Ansicht der Interessenträger gebe es aber „genügend Möglichkeiten, die Abwehrmaßnahmen zu durchbrechen, obwohl die meisten Mitgliedstaaten die Durchgriffsvorschrift nicht umgesetzt haben".[72] Eine Pyramidenstruktur bestehe nur in 18,1 % der börsennotierten Gesellschaften der berücksichtigten Mitgliedstaaten und wechselseitige Beteiligungen nur bei 3,5 %,[73] was allerdings angesichts der Aktionärsstruktur mit Blockbeteiligungen nicht überrascht. Beides komme häufig vor, stelle jedoch einen schwachen Abwehrmechanismus dar. Weitere mögliche Übernahmehindernisse wie sektorspezifische Vor-

---

[67] Anwendungsbericht der Kommission (Fn. 3) 1 Nr. 3.

[68] Anwendungsbericht der Kommission (Fn. 3) 2 Nr. 6. Diese Feststellung trifft für die wichtigsten Mitgliedstaaten, jedoch keineswegs für alle zu, passt aber zu den Schlussfolgerungen, dass keine größeren Änderungen angezeigt seien.

[69] Anwendungsbericht der Kommission (Fn. 3) 3 Nr. 19 im Anschluss an die External Study (Fn. 4), p. 35; diese nennt 15 Mitgliedstaaten aus 22 untersuchten.

[70] Estland, Lettland und Litauen.

[71] Anwendungsbericht der Kommission (Fn. 3) 2 Nr. 7.

[72] Ebenda 2 Nr. 11.

[73] Anwendungsbericht der Kommission (Fn. 3), Anhang Abb. 4 unter Bezugnahme auf External Study (Fn. 4), p. 48.

schriften, Mitbestimmungsverfahren und Arbeitnehmerbeteiligungen stellten „keine größeren oder ungerechtfertigten Hindernisse" dar[74] und werden nicht weiter behandelt.

b) Die fünf Fragestellungen der Kommission

Auf der so geschilderten Faktenbasis wirft die Kommission fünf Fragestellungen auf. Sie betreffen den Begriff des „gemeinsamen Handelns" (acting in concert), die zahlreichen nationalen Ausnahmen von der Pflichtangebotsregelungen, die sieben verschiedenen Kategorien zugeordnet werden; die Umgehung des Pflichtangebots durch zeitlich geschickt gemachte, freiwillige Übernahmeangebote (low balling, creeping in); die Durchbruchsregelung und den Schutz der Arbeitnehmervertreter. Die Kommission zieht daraus den Schluss, dass die durch die Richtlinie eingeführte Regelung „im Allgemeinen zufriedenstellend funktioniert", und sie erwägt zur Verbesserung der Rechtssicherheit für die Betroffenen und des (Minderheits-)Aktionärsschutzes verschiedene Maßnahmen[75]:

1) Klarere Formulierung des Begriffs des acting in concert, was durch Leitlinien (guidelines) der Kommission und/oder der European Securities and Markets Authority (ESMA) geschehen könne.

2) Weitere Untersuchungen zu den Ausnahmen vom Pflichtangebot und dann gegebenenfalls weitere Maßnahmen, etwa auch im Wege von Vertragsverletzungsverfahren.

3) Maßnahmen gegen das low balling bzw. creeping in, etwa durch bilaterale Diskussion mit den betroffenen Mitgliedstaaten oder durch Empfehlungen der Kommission. Das Neutralitätsgebot und die Durchbruchsregelung (Art. 9 und 11) könnten dagegen jedenfalls derzeit als optionale Regelungen belassen werden. Zum Schutz der Arbeitnehmerrechte[76] will die Kommission auf Dialog und weitere Untersuchungen

[74] Ebenda 2 Nr. 14.

[75] Ebenda 4 Nr. 21–28.

[76] Der *Schutz der Arbeitnehmer* (schon oben Fn. 31) erfolgt nach der Richtlinie durch Information, z.B. Art. 6 Abs. 2, 3 und 8 Abs. 2; zu Stellungnahme von Vorstand und Aufsichtsrat der Zielgesellschaft unten bei IV 2 b (3). Dieser Ansatz ist auch richtig, vgl. schon The High Level Group of Company Law Experts (Fn. 304), chapter 1, section 2.1: „Shareholders should be able to decide for themselves and stakeholders should be protected by specific rules (e.g. on labour law or environmental law)." Dazu auch Clarke, The Takeover's Directive – A Meaningful Contribution to Stakeholders Rights in Europe? International Company and Commercial Law Review I.C.C.L.R. 2013 (forthcoming) mit Nachweis gegenteiliger Meinun-

setzen. Abschließend ruft die Kommission die anderen Organe und sonstige interessierten Parteien zur Stellungnahme auf, dies allerdings ohne Zeitvorgaben (mit Ausnahme zum acting in concert, das auch im Zusammenhang mit der Corporate Governance und der Transparenz und den dazu kürzerfristig geplanten Maßnahme eine Rolle spielt).

Überraschend ist, dass die Kommission andere Bereiche, zu denen sich nach der External Study eine Reform anbieten würde, nicht angesprochen hat. Dazu gehören (1) der Wunsch verschiedener mitgliedstaatlicher Aufsichtsbehörden, die Regeln über den squeeze-out und sell-out stärken zu harmonisieren, möglicherweise zugleich mit einer Harmonisierung der Delisting-Vorschriften bei Multilisting;[77] (2) die unter anderem von verschiedenen Börsen geäußerte Forderung nach mehr Transparenz und Offenlegung sowohl durch den Bieter (dann möglicherweise in der Art eines Prospekts) als auch in der Stellungnahme der Verwaltung der Zielgesellschaft, wobei allerdings erhebliche Unterschiede bezüglich der zusätzlich offenzulegenden Informationen bestehen;[78] und (3) Probleme des Verfahrens, der Durchsetzung und des Rechtsschutzes, die die External Study allerdings nur stiefmütterlich behandelt hat.[79]

---

gen. Einzelne Mitgliedstaaten gehen darüber hinaus, etwa durch Konsultationsrecht der Betriebsrats wie in Frankreich, Belgien und den Niederlanden oder sogar ein Recht des Betriebsrats, den Bieter anzuhören, wie in Frankreich und Belgien, External Study (Fn. 4), p. 102. Eine gewisse Rolle spielt auch die Zielvorgabe des Art. 3 Abs. 2 lit. c, wonach das Leitungs- bzw. Verwaltungsorgan der Zielgesellschaft „im Interesse der gesamten Gesellschaft" handeln muss, vgl. dazu Hopt, ZHR 175 (2011), 444 (476ff.). Abgesehen davon gelten die allgemeinen arbeitsrechtsrechtlichen Mitbestimmungs-, Mitwirkungs-, Schutz- und Informationsvorschriften. Zur Verstärkung der Arbeitnehmerrechte im Vereinigten Königreich nach der Übernahme von Cadbury durch Kraft, External Study (Fn. 4), p. 103 et s., insbesondere eine mindestens 12-monatige Bindung des Bieters an seine Erklärungen, UK Takeover Code Rule 19.1 Note 3; dazu auch The Takeover Panel Code Committee, 26. 11. 2012 (Fn. 409), paragraph 7, wonach die Angaben des Bieters über die von ihm verfolgten Absichten hinsichtlich der Zielgesellschaft und ihrer Arbeitnehmer, namentlich was Entlassungen angeht, trotz dieser 12-monatigen Bindung aussagekräftig sein müssen, auch wenn der Bieter keine Gelegenheit zu einer vollen due diligence-Prüfung gehabt hat. Zur Durchsetzung durch das Panel unten V 3 b; Nachweise zur Reform ebenda. Arbeitnehmerschutz bei Übernahmen erfolgt auch außerhalb der EU, wenn überhaupt, durch Informationspflichten im Offer Document, External Study (Fn. 4), p. 114 et s. mit Tabelle. Zum Schutz der Arbeitnehmer durch übernahmerechtliche Mitsprache oben I 1 b (2) Fn. 31.

[77] External Study (Fn. 4), p. 243.

[78] Idem, p. 254 et s.

[79] Idem, p. 257 et s. An eine Ausdehnung des Geltungsbereichs der Richtlinie auf

c) Die Revisionspläne der Kommission

Die Revisionspläne der Europäischen Kommission sind so marginal und weich formuliert, dass offenbar alles mehr oder weniger beim Bisherigen bleiben soll, möglicherweise sogar ohne dass es überhaupt zu einer formellen Revision der Richtlinie kommt[80]. Schon gar nicht – und insoweit sicher zu Recht – ist an eine Vollharmonisierung wie bei der Transparenzrichtlinie und der Marktmissbrauchsrichtlinie gedacht, was Raum für ein Modellgesetz ließe.[81] Dass es nur zu einem minimalinvasiven Eingriff kommen würde, ist auch vorhergesagt worden.[82] Denn es war von vornherein klar, dass die ganz überwiegende Mehrzahl der Mitgliedstaaten wenig Neigung hat, die kritischen Regelungen der Richtlinie – abgesehen von der Kontrollschwelle für das Pflichtangebot (Art. 5) vor allem das Verhinderungsverbot (Art. 9) samt der Durchgriffsregelung (Art. 11) – durch Rücknahme oder Verwässerung der Optionsregelung für die Mitgliedstaaten in Art. 12 zu verschärfen. Es konnte daher nicht erwartet werden, dass die Kommission den Mut haben würde, ihre ursprünglichen Harmonisierungspläne aus der Zeit von vor 2004 wieder aufzugreifen und nach Art. 20 eine in diese Richtung gehende Änderung der Richtlinie vorzuschlagen oder sogar, wie in Art. 20 angesprochen, über den bisherigen Anwendungsbereich der Richtlinie hinaus die bestehenden Kontrollstrukturen und Übernahmehindernisse für Übernahme-

---

nichtbörsennotierte Wertpapiere denkt die Kommission nicht; das bleibt den Mitgliedstaaten überlassen, z. B. zuletzt Frankreich durch Reform des règlement général de l'Autorité des marchés financiers (AMF) mit arrêté, 14 juin 2012, J.O. du 11 juillet 2012, p. 11334: Erstreckung auf die Notierung auf Alternext. Dazu Paolaggi/Kessler, Offres publiques: un contrôle de plus en plus normé, Bulletin Joly Bourse, Novembre 2012, p. 483 (486 et s.).

[80] So auch Seibt, Europäisches Übernahmerecht in Bewegung, Börsen-Zeitung Nr. 139, 21. 7. 2012, S. 13.

[81] Ein solches wäre begrenzt auf öffentliche Übernahmen vorstellbar (vgl. Art. 13 der Richtlinie), während gegen ein Modellgesetz zum Europäischen Gesellschaftsrecht erhebliche Skepsis angebracht ist, dazu European Company Law Experts (ECLE), Response to the European Commission's Consultation on the Future of European Company Law, May 2012, sub 5 (d), abrufbar unter www.ecle.eu, auch unter http://ssrn.com/abstract=1912548.

[82] Hopt in Wilde-Gedächtnisvorlesung am 7. 6. 2012: „Prognostizieren lässt sich vielmehr eine kleine, eher technische Revision. Dafür spricht, dass Mitglieder der Kommission im Vorfeld auf internationalen Konferenzen zur Frage der Revision im Wesentlichen nur zwei technische Harmonisierungsfragen angeschnitten haben, das acting in concert und die Ausnahmen vom Pflichtangebot."

angebote anzupacken. Umgekehrt hat die Kommission aber auch nicht den Forderungen aus den Mitgliedstaaten und von Teilen der Wissenschaft Rechnung getragen und dereguliert. Mit der nunmehr vorgestellten kleinen, eher technischen Revision verliert die Kommission nicht ihr Gesicht, was sie bei völliger Belassung des status quo befürchten müßte, und kann zugleich mit gewissen Erfolgschancen rechnen, weil das Pflichtangebot in den Mitgliedstaaten jedenfalls im Grundsatz akzeptiert ist und es nur Unterschiede zu verschiedenen, konkreten, durchaus wichtigen Anwendungsfragen gibt.

II. Grundlagenfragen der Regulierung von Unternehmensübernahmen

1. Europäisches oder nationales Übernahmerecht?

Politik ist die Kunst des Möglichen, sagte Bismarck 1863 zum preußischen Oberhaus. Die Wissenschaft ist keine Politik, sondern sucht nach richtigen Antworten. Für das europäische Übernahmerecht stellen sich deshalb – unabhängig vom Streit zwischen der Europäischen Union und den Mitgliedstaaten – zwei Fragen: Zum einen, wo ist Übernahmerecht am besten zu verorten, auf der europäischen Ebene oder auf der Ebene der Mitgliedstaaten oder wie es zwischen beiden Ebenen aufzuteilen (I 3 a–c); zum anderen und unabhängig von der Regulierungsebene fragt sich, wer soll letztlich über die Regeln für Übernahmen entscheiden, der (europäische bzw. nationale) Gesetzgeber oder die Betroffenen, also die Aktionäre selbst oder eventuell für diese die Verwaltung. Letzteres ist die Frage nach dem zwingenden oder dispositiven Charakter des Übernahmerechts (unten I 4).

a) Übernahmerecht zwischen europäischer und nationaler Regelung

Zur ersten Frage, auf welcher Ebene geregelt werden sollte,[83] geht die heute weit überwiegende Meinung für das Aktienrecht dahin, dass dezentrale Regelungen im Prinzip vorteilhafter sind als zentrale, auf die Europäische Union bezogen also, dass das Aktienrecht nicht insgesamt

---

[83] Zu dieser sog. Mehrebenenproblematik im Zusammenhang der Corporate Governance zuletzt Fleischer, ZGR 2012, 160.

europäisch harmonisiert werden sollte.[84] Der Grund dafür liegt darin, dass dezentrale Regelungen miteinander in Wettbewerb treten können (Wettbewerb der Gesetz- und Regelgeber) und dass Wettbewerb zu Experimenten und Entdeckungen führt (Wettbewerb als Entdeckungsverfahren). Erweist sich in diesem Wettbewerb eine Lösung als besser, kommt es zu erwünschten Nachahmungen bzw., umgekehrt, entsteht für Gesetz- und Regelgeber, die auf der alten Regelung beharren, tendenziell ein Änderungs-, zumindst aber ein Rechtfertigungsdruck.[85] Demgegenüber haben aber auch zentrale Regelung Vorteile: für die Beteiligten ist die Information über Inhalt und Anwendung der einheitlichen Regelung leichter verfügbar, das senkt Transaktionskosten. Auch ist man sich für das Kapitalmarktrecht zumal nach der Finanzkrise weitgehend einig, dass im Prinzip zentrale Regelungen vorteilhafter sind. Für das europäische Kapitalmarktrecht bedeutet das schon bisher eine weitgehende Harmonisierung, die jetzt mit der Revision der maßgeblichen Richtlinien (MiFID, Marktmissbrauchsrichtlinie, Transparenzrichtlinie u.a.) noch ein gutes Stück weiter getrieben wird und sogar soweit geht, dass an die Stelle von Richtlinien Verordnungsrecht treten soll. Das Übernahmerecht steht bekanntlich zwischen dem Aktien- und dem Gesellschaftsrecht, wie schon die ursprüngliche, technisch nicht mehr richtige Bezeichung: 13. gesellschaftsrechtliche Richtlinie, zeigt. Dem entspricht eine Feinaufteilung der Materie zwischen der Europäischen Union und den Mitgliedstaaten,[86] also weder eine abschließende europäische Übernahmeregelung, eventuell sogar durch Verordnung, wie gelegentlich gefordert,[87] noch eine weitgehende Rückverlagerung auf die Mitgliedstaaten, die ebenfalls in der Diskussion verlangt wird.[88]

---

[84] Statt vieler European Company Law Experts (ECLE), Response to the European Commission's Consultation on the Future of European Company Law (Fn. 81).

[85] Zu der Kontroverse in den Neunziger Jahren, ob dieser Wettbewerb zu einem race to the bottom (mit Beispiel: das managementfreundliche Gesellschaftsrecht von Delaware) oder zu einem race to the top, der zu dem ökonomisch und damit auch für die Aktionäre besten Ergebnis führt, Grundmann, Europäisches Gesellschaftsrecht (Fn. 51), Rn. 157ff. m.w.N.

[86] Für eine Feinaufteilung im Gesellschaftsrecht je nach Märkten (für Gesellschaftsfinanzierung, für Gesellschaftsgründung, für einen Wechsel des Gesellschaftsstatuts) Grundmann (Fn. 51), Rn. 163.

[87] Unten II 2 b (1).

[88] Nachweise bei Hopt (Fn. 48), S. 49; jüngst wieder Lau Hansen, The Directive on Takeover Bids: Unwanted Harmonisation of Corporate Law, in: Birkmose/Neville/Engsig Sorensen, eds., The European Financial Market in Transition, Alphen

b) Erwartungen der Praxis

Dem scheinen die Erwartungen der Praxis zu entsprechen, wie eine *Umfrage zur Reform* der EU-Übernahmerichtlinie und des deutschen Übernahmerechts *vom November 2011* zeigt.[89] Danach befürwortet eine deutliche Mehrheit von ca. 55 % eine weitere Harmonisierung des europäischen Übernahmerechts (materielles Recht im Gegensatz zum Verfahrensrecht) durch Änderung der Richtlinie. Interessant ist die Aufschlüsselung nach der Herkunft. Für weitere Harmonisierung waren mehr als 80 % der institutionellen Investoren und 75 % der Investmentbanker und Finanzberater. Bei den Unternehmensvertretern stimmte die Hälfte zu. Bei der Rechtsberatern hielten dagegen 64 % das für nicht notwendig. Diese Unterschiede erklären sich aus den verschiedenen Interessen dieser Berufsgruppen an mehr oder weniger Zentralisierung: hoch im Investment- und Finanzbereich, mittel in der Wirtschaft (wahrscheinlich wären dabei weitere Unterschiede nach Großunternehmen und KMU sowie nach grenzüberschreitend und primär national tätigen Unternehmen auszumachen gewesen), wenig bei Rechtsberatern, die mit dem status quo und dem heimischen Recht vertraut sind. – Aufschlussreich ist die weitere Frage, ob grundsätzlich eine noch weitergehende Herstellung gleicher Wettbewerbsbedingungen (level playing field) in der EU erforderlich sei. Auch das wurde von einer Mehrheit bejaht (61 %), gestaffelt nach institutionellen Investoren (83,3 %), Investmentbanken (71,4 %), dagegen nur von einer Minderheit der Rechtsberater und der Gewerkschaftsvertreter. Letzteres ist angesichts der bereits erwähnten Interessenlage von Arbeitnehmern zu Übernahmeangeboten ohne weiteres einsichtig. – Bei der Frage, ob für die Harmonisierung eher eine Änderung der Richtlinie oder eher eine Empfehlung der Europäischen Kommission oder sogar Verhaltenskodices in Frage kommen, sprach sich eine klare Mehrheit von 86,1 % für die Richtlinie aus. Nach der Alternative einer Verordnung über Übernahmeangebote, wie im europäischen

---

aan den Rijn 2012, p. 29 et s. Die dafür vorgebrachten Argumente sind teils solche des Wettbewerbs der Gesetzgeber, teils Dezentralisierung und Subsidiarität, teils Vorteile von Optionsregelungen (dazu unten III 3), teils spezielle Argumente gegen einzelne Harmonisierungskandidaten.

[89] Freshfields Bruckhaus Deringer, Reform of the EU Takeover Directive and of German Takeover Law, Survey Report, November 2011 (in Folgenden: *Survey Report*): Umfrage bei 375 ausgewählten Experten; darüber Seibt, ZIP 2012, 1 (im Folgenden: *Expertenumfrage*), zum Folgenden Expertenumfrage ZIP 2012, 1 (4 f.).

Kapitalmarktrecht angestrebt, und gar nach einer europäischen Vollharmonisierung war nicht gefragt worden. Die Logik eines level playing field, insbesondere gleicher Wettbewerbsbedingungen, würde wie im europäischen Kartellrecht eher dafür sprechen.[90]

c) Für eine europäische Regelung in Frage kommende Übernahmerechtsfragen

Erwähnenswert ist noch die Liste von Übernahmerechtsfragen, die für eine europäische Harmonisierung vorgeschlagen wurden (in der Reihenfolge der Nennungen)[91]: 1. Weiterungen beim Pflichtangebot (Definition der Kontrollmehrheit, Berechnung des Mindestpreises, mehr Klarheit bei den Ausnahmen), 2. Weiteres Pflichtangebot bei Zuerwerb zwischen 30 und 50 % (low balling, creeping in), 3. Acting in concert, 4. Vereinfachung des Aktientausches, 5. Harmonisierung beim Verhinderungsverbot[92], 6. Anerkennung von deal protection agreements, 7. Harmonisierung des übernahmerechtlichen squeeze-out, 8. mehr Transparenz des Stimmrechts-/Anteilsbesitzes (insbesondere bei cash settled swaps/contracts for difference und vergleichbaren Finanzinstrumenten) und Harmonierung der Sanktionsvorschriften für Gesetzesverstöße (genannt wurden insbesondere Stimmrechtsverluste und hohe Bußgelder), und 9. Einführung einer put up or shut up-Regelung nach dem Vorbild der Reform des UK City Code on Takeovers and Mergers vom 19.9. 2011. Weitere Reformwünsche aus der Praxis betreffen unter anderem den Anwendungsbereich der Richtlinie (Satzungssitz/Verwaltungssitz), die Aufsichtsstelle und das anwendbare Recht (Art. 4), die Weitergabe von Informationen im Rahmen einer due diligence an den Bieter und konkurrierende Bieter und allgemeiner ungeklärte Fragen zum Verhältnis der

---

[90] Zur Sinnhaftigkeit gesetzlicher Maßnahmen zur Herstellung eines level playing field wird hier keine Stellung genommen. Begriff und Inhalt desselben sind ökonomisch hoch umstritten, was mit der Haltung zum Wettbewerb der Gesetz- und Regelgeber, der dadurch tendenziell ausgeschaltet wird, zusammenhängt, oben II 1 a.

[91] Die Reihenfolge der Desiderate bzw. Nennungen variiert in der deutschen Fassung (Expertenumfrage, Fn. 89, ZIP 2012, 1, 4 f., wie diese oben im Text) und der englischen (Survey Report, Fn. 89, at 15).

[92] „Board neutrality rule and prohibition of frustrating actions (in particular (a) prohibition of company law instruments allowing takeover bids to be frustrated, such as multiple voting rights, golden share schemes, and (b) national interest test regulation." Survey Report (Fn. 89) at 15 No. 4.

Übernahmerichtlinie zur Marktmißbrauchsrichtlinie.[93] Angeregt wird ferner, inducement fees zumindest offenzulegen, bei der Stellungnahme des Board der Zielgesellschaft nach Art. 9 Direktoren mit Interessenkonflikten auszuschließen und den Board zu verpflichten, unabhängigen Rat einzuholen, und hinsichtlich von Derivativen entweder mehr Transparenz nach Art. 10 zu schaffen oder beim Pflichtangebot nach Art. 5 nicht den Erwerb von Wertpapieren, sondern wie nach Rule 9 des City Code „an interest in shares" genügen zu lassen.[94] Unklarheiten gibt es auch bei grenzüberschreitenden Übernahmen aus dem Verhältnis von Übernahmerichtlinie und Prospektrichtlinie.[95] Schließlich werden im Anschluss an die Übernahmerichtlinie Überlegungen zur Harmonisierung des Rechts der Unternehmensgruppen und Konzerne angestellt, die die Europäische Kommission nach ihrem Aktionsplan von 2012 offenbar aufgreifen will.[96]

---

[93] Meyers, Agenda Items for the Revision of the European Takeover Bid Directive, in: Van alle markten, Liber Amicorum Eddy Wymeersch, Antwerpen/Oxford 2008, p. 693, zum Insiderrecht ebenda, p. 703 et s.; M. Nelemans/M. Schouten, Takeover Bids and Insider Trading, August 2012, available at http://ssrn.com/abstract=2147360; Hopt, ZGR 2002, 333 (336 ff.); vgl. auch OECD, Conflicts of Interest and the Market for Corporate Control, 16–17 April 2008. Bei der Reform der Marktmissbrauchsrichtlinie (Market Abuse Regulation, MAR) soll das Problem angepackt werden, dazu Council of the European Union, 31. 10. 2012, 15707/12, Presidency compromise, Erwägungsgrund (12a), (13), (14a), Art. 5 (28): Definition von stakebuilding, Art. 6 para 2: protracted process, Art. 7a para 3a: inside information obtained through due diligence of a company in view of a possible merger or public takeover, Art. 12 para 3: Aufschub der Veröffentlichung in case of a protracted process. Die Fassung ist noch hoch streitig.

Zur Frage des Satzungs- oder Verwaltungssitzes Seibt/Heiser, ZGR 2005, 200 (205 ff.).

[94] Clarke, Reinforcing the Market for Corporate Control, (2011) EBLR 517.

[95] Von Lackum/Meyer/Witt, The Offering of Shares in a Cross-Border Takeover, ECFR 2008, 101.

[96] Europäische Kommission, Aktionsplan (Fn. 5), 3.2 und 4.6. Zuvor Grundmann (Fn. 51), § 27 VI, Rn. 1004 ff. und schon Forum Europaeum Konzernrecht, ZGR 1998, 672; Hopt, ZHR 171 (2007), 199; ders., Konzernrecht für Europa – Zur Diskussion um die Vorschläge des Forum Europaeum Konzernrecht, in: J. Basedow u. a., Hrsg., Aufbruch nach Europa, 75 Jahre Max-Planck-Institut für Privatrecht, Tübingen 2001, S. 17; zuletzt Report of the Reflection Group on the Future of EU Company Law, Brussels, 5. 4. 2011, ch. 4, p. 59 et s.

2. Zwingendes oder dispositives Übernahmerecht?

a) Für ein im Grundsatz zwingendes Übernahmerecht

Zur zweiten oben gestellten Grundsatzfrage, zwingendes Recht oder Satzungsautonomie, eventuell unterstützt durch dispositive Vorschriften, gibt es ebenfalls ganz erhebliche Meinungsunterschiede. In der Wissenschaft hält die herkömmliche Meinung ein jedenfalls im Grundsatz zwingendes Übernahmerecht für geboten, sei es auf europäischer oder auf nationaler Ebene. Die Gründe dafür sind der Schutz von Aktionären und, soweit übernahmerechtlich relevant, der von Arbeitnehmern und Gläubigern. Hinzu treten die Auswirkungen von Übernahmen, ihrer Verhinderung durch die Verwaltung und des Vertrauensverlustes der bei Übernahmen geschädigten Minderheitsaktionäre und Anleger auf dem (nationalen bzw. europäischen) Markt für Übernahmeangebote; die diesbezüglichen Externalitäten sprechen für gesetzgeberisches Eingreifen. Was das Übernahmeverfahren und die Aufsicht angeht, liegt dispositives Recht angesichts der notwendigen Rechtssicherheit und Durchsetzung ohnehin fern, ganz abgesehen von der Möglichkeit einer regulatorischen Arbitrage, die sich durch das internationale Privat- und Verfahrensrecht bei Übernahmeangeboten ergeben könnte. Die überwiegende Meinung in der Praxis sieht das, wenn man auf die oben ausgewertete Meinungsumfrage zurückgreift, ebenso.[97] Der Bedeutung der Übernahmerechts für den Anleger- und Minderheitsaktionärsschutz wurde die höchste Bedeutung zugemessen, gefolgt von dem Ziel der (externen) Corporate Governance und der Kontrolle der Geschäftsleitung. Die Relevanz für die tatsächliche Monetarisierung des Wertpotentials der Aktie trat zurück, und erst an letzter Stelle wurden der Aufbau von National Champions bzw. die Verfolgung einer bestimmten Industriepolitik genannt.

b) Ökonomische Einwände

Einwände gibt es demgegenüber vor allem *bei den Ökonomen* und ökonomienahen Rechtswissenschaftlern, die mit Marktargumenten für die Beibehaltung der Options- und Reziprozitätslösung der Richtlinie eintreten und diese sogar noch erweitern wollen. Diese Alternativlösung setzt

---

[97] Expertenumfrage (Fn. 89), ZIP 2012, 1, 4.

voll auf den Wettbewerb der Gesetz- und Regelgeber und erhebt den Anspruch, den unterschiedlichen Gegebenheiten in den verschiedenen Ländern (path dependeny) Rechnung zu tragen.[98] Soweit die Vertreter dieser Meinung sich gegen eine Reform der Übernahmerichtlinie wenden, nehmen sie damit zugleich in Kauf, dass die Optionsrechte des Art. 12 den Mitgliedstaaten und nicht den Betroffenen zustehen.[99] Das plakative Schlagwort ist: *„für neutrales Übernahmerecht“*,[100] das Übernahmen weder verhindere noch befördere, sondern dies allein dem Markt überlasse. Argumentativ wird das mit dem Hinweis gestützt, empirisch sei nicht auszumachen, ob eine Übernahme im konkreten Fall wohlfahrtsbefördend oder wohlfahrtsvermindernd wirke. Dies zu beurteilen, seien am besten die Gesellschaften selbst in der Lage.

Exemplarisch lässt sich diese Meinung an einem Paper von Enriques, Gilson und Pacces von 2012 illustrieren.[101] Das Paper enthält drei Thesen: (1) Das Übernahmerecht sollte einheitlich und abschließend ein solches der Europäischen Union sein. (2) Dieses europäische Übernahmerecht sollte, um die politischen Widerstände der Mitgliedstaaten und Unternehmen zu mindern, mit seinen neuen Bestimmungen nur für neue Unternehmen gelten (regulatory dualism). (3) Es sollte praktisch keine zwingende Vorschriften enthalten, vielmehr sollte es allein den einzelnen Gesellschaften überlassen bleiben, durch Satzungsbestimmung oder Hauptversammlungsbeschlüsse eigene Regeln für die Übernahme zu beschließen. Diese Satzungs- bzw. Hauptversammlungsautonomie sollte

---

98 McCahery/Vermeulen, Does the Takeover Bids Directive Need Revision?, Festschrift für Hopt, Berlin/New York 2010, Bd. 2, S. 2189 (2201); Vermeulen/McCahery, The case against reform of the Takeover Bids Directive, Eur.Bus.L.Rev. 22 (2011), 541 (543 f., 550, 557).

99 Zum Optionsregime der Richtlinie unten IV 3.

100 Enriques, European Takeover Law: Designing a Neutral Approach, Festschrift für Hopt (Fn. 98), Bd. 2, S. 1789; idem, Rivista delle società 55 (2010), 657; idem, European Takeover Law: The Case for a Neutral Approach, in: Birkmose/Neville/Engsig Sorensen (Fn. 88), p. 11 et s.; auch Enriques/Gargantini/Novembre, Mandatory and Contract-based Shareholding Disclosure, Uniform L. Rev./Revue de Droit Uniforme NS XV (2010), 713 (732, 734 ff.).

101 Enriques/Gilson/Pacces, The Case for a Neutral Takeover Law in the European Union, vorläufige Fassung, April 2012, das eine Fortentwicklung der Thesen von Enriques (Fn. 100) darstellt und in Tilburg (4. 12. 2011) und auf der Oxford Takeover Conference (20. 4. 2012) vorgetragen wurde, Vortragender dort Enriques, Respondent: Hopt.

insbesondere auch für das Pflichtangebot und das Verhinderungsverbot gelten. Allen drei Thesen ist zu widersprechen.

(1) Die Vollharmonisierungsthese

Die Forderung nach einem abschließenden europäischen Übernahmerecht, also Vollharmonisierung durch Verordnung oder Richtlinie, ist nach dem oben Gesagten aus theoretischen und praktischen Gründen problematisch. Eine Mehrebenenlösung, wie sie grundsätzlich schon bisher existiert, erscheint vorzugswürdig. Jedenfalls läge die Beweislast schon aus Subsidiaritätsgründen bei denjenigen, die für Vollharmonisierung eintreten. Zu beachten ist allerdings, dass für die Autoren Vollharmonisierung nur ein Mittel zum Zweck ist, um die Mitgliedstaaten zu zwingen, die Satzungs- bzw. Hauptversammlungsautonomie anzuerkennen.

(2) Die These vom regulatory dualism

Die These vom regulatory dualism[102] ist sachlich nichts Neues, sondern Übergangsrecht mit der einzigen Besonderheit, dass Altfälle ihren privilegierten Status auf Dauer behalten (grandfathering clauses). Dass damit die Widerstände derer, die einen Besitzstand haben – hier die bestehenden Unternehmen, aber auch die Mitgliedstaaten – beschwichtigt werden sollen, liegt auf der Hand. Problematisch ist jedoch die Erwartung, das neue System werde sich im Wettbewerb mit dem bisherigen allmählich durchsetzen. Diese Prämisse lässt offen, unter welchen Voraussetzungen das tatsächlich der Fall ist und wenn ja, wie lange das dauert Man denkt unwillkürlich an den berühmten Ausspruch von Keynes zum Argument, Kartellrecht sei unnötig, weil Kartelle auf Dauer von selbst zerfallen: „In the long run we are all dead." Vor allem aber setzt eine solche Entwicklung zum Besseren im vorliegenden Fall voraus, dass die Aktien der alten und neuen Unternehmen am Markt entsprechend ihrer unterschiedlichen Regelungen richtig bewertet werden, was ohne weiteres nur bei vollkommenen Märkten unterstellt werden kann. Auch ist kaum anzunehmen, dass die Unternehmen, die von der Altregelung profitieren, die List der

[102] Gilson/Hansmann/Pargendler, Regulatory Dualism as a Development Strategy: Corporate Reform in Brazil, the United States, and the European Union, 63 Stan.L.Rev. 475 (2011), dort unter Rückgriff auf allgemeinere Thesen von Mancur Olson.

Neuregelung nicht erkennen, sondern eher umgekehrt, dass sie am Markt und bei den Gesetz- und Regelgebern für weitere verwaltungs- und abwehrfreundliche Regelungen sorgen werden.

(3) Die These von der vollen Satzungs- und Hauptversammlungsautonomie

Auch die dritte These von der vollen Satzungs- und Hauptversammlungsautonomie ist problematisch. Denn diese stellen den Aktionärs- und Minderheitenschutz vollumfänglich zur Verfügung der Mehrheit. Das ist jedenfalls für spätere Hauptversammlungsbeschlüsse schon rechtlich ausgeschlossen, weil in bestehende Rechte einzelner Aktionäre und der Minderheit ohne ihre Zustimmung nicht eingegriffen werden kann. Aber auch Klauseln in der ursprünglichen Satzung, etwa dass ein Pflichtangebot oder andere Schutznormen ausgeschlossen sein sollen, sind fragwürdig.[103] Tatsächliche oder vermeintliche Effizienz am Markt geht nicht ohne weiteres vor Aktionärs- und Minderheitenschutz.[104]

3. *Kernbereiche des europäischen Übernahmerechts und Überblick über die weitere Untersuchung*

a) Drei Kernprobleme eines europäischen Übernahmerechts

Der Blick auf das britische Übernahmerecht und seine Rezeption[105] in vielen kontinentaleuropäischen Ländern und die Regelung und Rege-

---

[103] Ebenso CEPS External Study (Fn. 4), p. 287. Anders und spezieller, soweit Art. 9 nur optional ist, dann zu einer opt out-Lösung aus einem grundsätzlich geltenden Verhinderungsverbot unten IV 3 c.

[104] Damit ist eine hoch komplexe und kontroverse Problematik angesprochen, die Grundfragen von law and economics berührt und hier nicht vertieft werden kann, nämlich die nach der Berechtigung des Gesetzgebers, besser zu wissen, was für Aktionäre gut ist oder nicht (Anmassung von Wissen) oder ihre Entscheidung in ihrem Interesse in die richtige Richtung zu lenken. Vgl. aus der Diskussion zum liberalen Paternalismus, Thaler/Sunstein, Nudge: Improving Decisions About Health, Wealth, and Happiness, New York et al. 2009 und dazu Eidenmüller, JZ 2011, 814.

[105] Allgemeiner zur Rezeption von Aktienrecht von Hein, Die Rezeption US-amerikanischen Gesellschaftsrechts in Deutschland, Tübingen 2008, S. 7–61, zu den Ursachen von Rezeptionen, ebenda S. 287–396, und zu den Bedingungen erfolgreicher Rezeptionen im Gesellschaftsrecht, ebenda S. 773–936; Hopt, Aktienrecht unter amerikanischem Einfluss, Festschrift für Canaris, München 2007, Bd. II, S. 105.

lungsgeschichte des Übernahmerichtlinie lassen *drei Kernprobleme* jeder Regelung von öffentlichen Übernahmeangeboten erkennen, die im Folgenden für das europäische Übernahmerecht näher betrachtet werden sollen: das *Pflichtangebot* in Verbindung mit dem Ausschluss- und Andienungsrecht (squeeze-out und sell-out, unten III), das *Verhinderungsverbot* in Verbindung mit den zulässigen Verteidigungsmaßnahmen und der Durchbruchsregelung und eingebettet in die externe Corporate Governance (unten IV) und die *Aufsicht* (unten V).[106]

b) Transparenz, Verfahren, squeeze-out und sell-out

Damit soll nicht gesagt werden, dass die Transparenzregelungen, die Verfahrensbestimmungen und, auch unabhängig vom Pflichtangebot, der squeeze-out und der sell-out nicht wichtig seien. Zu *Transparenz und Offenlegung* gibt es jedoch allgemein, im Zusammenhang mit der Corporate Goverance und den Corporate Governance Kodices und spezieller für das Kapitalmarkt- und Übernahmerecht, zumal in der Diskussion um die Revision der Transparenzrichtlinie, schon eine Vielzahl von Untersuchungen.[107] Auch wären die diesbezüglichen Übernahmeregeln funktional im Zusammenhang mit den zahlreichen, europarechtlich vorgeschriebenen, kapitalmarktrechtlichen Offenlegungsvorschriften zu untersuchen. Wenn trotzdem das *acting in concert* behandelt wird (II 3 a), das in Deutschland übernahme- und kapitalmarktrechtlich gleichlautend definiert wird, liegt das daran, dass das ein Kernproblem des Pflichtangebots und Gegenstand einer der drei Reformüberlegungen der Kommission ist.

Die *Verfahrensbestimmungen* aufzugreifen, würde eine umfassende Untersuchung des Übernahmerechts notwendig machen, also auch der fünf in Art. 13 genannten, den Mitgliedstaaten anheim gegebenen Vefahrensregeln für Angebote – Hinfälligkeit der Angebote, Änderung der

---

[106] Ähnlich CEPS External Study (Fn. 4), p. 289. Andere Einteilung im juristischen Teil der External Study (Fn. 4), ch. 3.

[107] Allgemeiner z.B. Grundmann/Kerber/Weatherill, eds., Party Autonomy and the Role of Information in the Internal Market, Berlin 2001. Spezieller im Übernahmekontext Engsig Sorensen, Disclosing Barriers to Takeovers, in: Birkmose/Neville/Engsig Sorensen (Fn. 88), p. 69 et s.; auch External Study (Fn. 4), p. 45 et s., 245 et s. und CEPS External Study (Fn. 4), p. 295 et s. Auch Schouten, The Case for Mandatory Ownership Disclosure, Stanford Journal of Law, Business & Finance 15 (2009/10) 127.

Angebote, konkurrierende Angebote, Bekanntmachung der Ergebnisse der Angebote und Unwiderruflichkeit der Angebote und zulässige Bedingungen.

Die Regeln über den *squeeze-out* und den *sell-out* sind in der Richtlinie offenbar zur Zufriedenheit der Betroffenen geregelt und in die Rechte der Mitgliedstaaten übernommen worden,[108] sodaß sie hier nur kurz im weiteren Zusammenhang mit dem Pflichtangebot aufgegriffen werden (II 3 b). Für sie kommt ebenso wie für die Transparenzregelung hinzu, dass sie vertieft nicht isoliert für das Übernahmerecht behandelt werden können, denn sie stehen in engem Zusammenhang mit dem Aktienrecht (für Deutschland: aktienrechtlicher Ausschluss von Minderheitsaktionären, §§ 327a–327f AktG).

III. Das Pflichtangebot

1. Ablehnung einer grundsätzlichen Revision von Art. 5 der Richtlinie

a) Zwei unrealistische Änderungsvorschläge: Abschaffung von Art. 5 oder Beibehaltung mit voller Satzungsautonomie

Art. 5 der Richtlinie schreibt den Mitgliedstaaten eine *zwingende Pflichtangebotsregelung (mandatory bid rule, MBR)* vor. Dagegen wenden sich *zwei grundsätzliche Reformvorschläge:* entweder Art. 5 ganz zu streichen, zumindest aber zurückzuschneiden[109] oder ihn zwar zu erhalten, aber nur als dispositive Norm, die die Entscheidung der Satzung bzw. der Hauptversammlung der (Ziel-)Gesellschaft überlässt.[110] Beide Vorschläge sind unrealistisch. Zum einen folgt Art. 5 dem Vorbild der britischen Takeover Regulation, dem Mutterrecht der Übernahmericht-

---

[108] Näher External Study (Fn. 4), p. 219 et s. Diese schätzt den ökonomischen Einfluss der diesbezüglichen Richtlinienbestimmungen – im Gegensatz zu allen anderen übernahmerechtlichen Regelungen – als gering ein, ebenda p. 29. Demgegenüber ist die ökonomische Bedeutung jedenfalls des aktienrechtlichen Ausschlusses von Minderheitsaktionären nicht zu unterschätzen.

[109] Wymeersch, A New look at the Debate about the Takeover Directive, Festschrift für Hommelhoff, Köln 2012, 1375 (1378 ff.), auch in: Revue Trimestrielle de Droit Fianancier 2012, 78.

[110] So die Vertreter eines neutralen Übernahmerechts, s. o. II 2 b.

linie. Dort ist das Pflichtangebot seit 1972 fest etabliert, in vielen Hunderten von Verfahren[111] erprobt und in der City voll akzeptiert: It „has worked extremely well and fairly“ with „complete acceptance of it throughout the UK commercial and financial community“.[112] Zum anderen haben viele kontinentaleuropäische Staaten das Pflichtangebot schon lange vor der Übernahmerichtlinie von 2004, britischem Beispiel folgend, bei sich eingeführt, beispielsweise Frankreich, Belgien, Italien, Schweiz, Österreich und seit 1995 auch Deutschland, damals mit einem freiwilligen Übernahmekodex.[113] Im Gefolge der Übernahmerichtlinie ist diese Regelung mittlerweile in allen 27 Mitgliedstaaten fest etabliert. Allerdings sind nach der External Study Pflichtangebote im Verhältnis zu allen Übernahmeangeboten mit 5 %[114] nur selten, ein Befund, der jedoch für Deutschland nicht zutrifft: der Anteil der Pflichtangebote an der Gesamtheit aller Angebote beträgt hierzulande 42 %.[115] Die Kommission hatte zwar schon 2007 festgestellt, dass die Voraussetzungen für ein Pflichtangebot, namentlich die in Art. 9 nicht geregelte Kontrollschwelle, in den Mitgliedstaaten verschieden sind und es auch bei der Anwendung der Pflichtangebotsregelung Unterschiede gibt, vor allem bei den gesetzlichen Ausnahmen vom Pflichtangebot und beim Ermessen der

[111] Schon 1990 war die Rede von weit über 500 mandatory bids, Lee (vom Takeover Panel), Takeover Regulation in the United Kingdom, EWS 1990, 241 (243).

[112] So schon 1970, ebenda. Das trifft offenbar auch heute noch zu, Angaben bei Veil (Fn. 9): gut bis exzellent. Ausführlich Jennings, Mandatory Bids Revisited, Journal of Corporate Law Studies 5 (2005), 37.

[113] Hopt, ZHR 161 (1997), 368 (386); Bolle, A comparative overview of the mandatory bid rule in Belgium, France, Germany and the United Kingdom, Baden-Baden 2008.

[114] CEPS External Study (Fn. 4), p. 289. Für das Vereinigte Königreich Crawshay, Mandatory Bids in U.K., in Veil (Fn. 27), S. 83 (89): ungefähr 10 mandatory bids pro Jahr bei zwischen 100 und 300 freiwilligen Übernahmeangeboten. Nach Merkt, Das übernahmerechtliche Pflichtangebot in der Reformdiskussion, Festschrift für Schwark, München 2009, S. 529 (533), beträgt der Anteil im Vereinigten Königreich knapp 7 %, in Österreich 17 %.

[115] Merkt, Festschrift für Schwark (Fn. 114), S. 529 (533), der diese Unterschiede zutreffend auf die unterschiedliche Aktionärsstruktur zurückführt. Je verbreiteter Gesellschaften mit Kontrollaktionären sind, desto größer ist die Zahl der Pflichtangebote. Dazu, dass die Zahl der Befreiungen vom Pflichtangebot sehr hoch ist, unten III 2f. Hinzu kommt, dass materielle Pflichtangebote häufig rechtstechnisch als Übernahmeangebote zur Kontrollerlangung ausgestaltet werden, indem der verkaufende Hauptaktionär nach ausverhandeltem Kaufvertrag in das Angebot hineintendert, also rechtstechnisch ein Übernahmeangebot, realiter ein antizipiertes Pflichtangebot vorliegt; diesen Hinweis verdanke ich Martin Winner aus Wien.

jeweiligen Aufsichtsbehörden, ad hoc Befreiungen zu gewähren.[116] Aber das stellt Art. 5 als solchen nicht in Frage, die Praxis sieht darin einen Fortschritt[117] und die Umfrage für die Europäische Kommission hat ergeben, dass 90 % der Befragten die Pflichtangebotsregelung des Art. 5 für hilfreich erachten.[118]

b) Ökonomische Kritik am Pflichtangebot

Das bedeutet jedoch nicht, dass das Pflichtangebot – auch abgesehen von der Regelungsebene – rechtspolitisch unumstritten wäre, ganz im Gegenteil.[119] Schon vor Erlass der Richtlinie gab es erhebliche *Kritik am Pflichtangebot*, vor allem aus wirtschaftswissenschaftlicher Sicht,[120] aber auch aus den USA.[121] Dort ist der übliche Weg der Kontrollerlan-

[116] Zwischenbericht der Kommission (Fn. 60), 2.2.1, p. 9 et s. mit Annex 2 (Conditions triggering the obligation to make a mandatory bid) und Annex 3 (Derogations provided at the level of law, derogatory powers of the supervisory body/authority).

[117] Wouters/van Hooghten/Bruyneel (Fn. 51) at 75: Pflichtangebot als „one of the Directive's main achievements" und „increases legal certainty for practitioners".

[118] External Study (Fn. 4), p. 117.

[119] Ausführliche Darstellung der Argumente pro und contra schon bei Reul, Die Pflicht zur Gleichbehandlung der Aktionäre bei privaten Kontrolltransaktionen, Tübingen 1991, S. 130ff., 238ff., 250. Umfassende Nachweise zur deutschen Diskussion bei Merkt, Festschrift für Schwark (Fn. 114), S. 529 (532); ders. in: Veil (Fn. 27), S. 53.

[120] McCahery/Renneboog, The Economics of the Proposed European Takeover Directive, CEPS 2003, p. 52 et s.; Burkart/Panunzi, Mandatory Bids, Squeeze-Out, Sell-Out and the Dynamics of the Tender Offer Process, in: Ferrarini/Hopt/Winter/Wymeersch (Fn. 17), p. 737; Enriques, The Mandatory Bid Rule in the Proposed EC Takeover Directive, in: Ferrarini/Hopt/Winter/Wymeersch (Fn. 17), p. 767 et s., 794: derzeit „lesser evil". Auch Wymeersch, The Mandatory Bid: A Critical View, in: Hopt/Wymeersch (Fn. 18), p. 351; für Schweden Skog, Does Sweden Need a Mandatory Bid Rule? A Critical Analysis, Stockholm 1995, p. 27 et seq.; aus Dänemark Lau Hansen, When Less Would Be More: The EU Takeover Directive in Its Latest Apparition, The Columbia Journal of European Law 9 (2003), 275 at 289 et s.

[121] Romano, The Political Economy of Takeover Statutes, 73 Va.L.Rev. 111 (1987); Sepe, Private Sale of Corporate Control: Why the European Mandatory Bid Rule is Inefficient, Arizona Legal Studies Discussion Paper 10–29, 2010. Differenzierend Bebchuk, Efficient and Inefficient Sales of Corporate Control, Quarterly J. of Economics 109 (1994), 957 im Vergleich der US „market rule" und der „equal opportunity rule" anderer Länder. Positiv dagegen Ventoruzzo, Europe's Thirteenth Directive and U.S. Takeover Regulation: Regulatory Means and Political and Economic Ends, 41 Texas Int'l L.J. 171 (2006) at 214. Zur Rechtslage in den USA Berick/Shropshire, The EU Takeover Directive in Context: A Comparison to the US

gung der merger, appraisal rights sind selten, und ein dem Pflichtangebot entsprechendes control share cash-out gibt es nur in ganz wenigen Einzelstaaten, etwa Maine, Pennsylvania und South Dacota,[122] wenngleich dort die best-price rule bis zu einem gewissen Grad in dieselbe Richtung wirkt.[123] Diese Kritik am Pflichtangebot ist später ausgebaut und aus Anlass der bevorstehenden Revision wiederholt und neu akzentuiert worden.[124]

Die wirtschaftswissenschaftlichen Einwände gegen das Pflichtangebot sind im Wesentlichen vier: (1) Pflichtangebote seien künstliche Eingriffe in den Markt für Unternehmenskontrolle. Dieser funktioniere auch ohne Pflichtangebote. Bieter könnten dann exakt den über dem Börsenpreis liegenden Übernahmeangebotspreis bieten, der der Kontrollprämie des herrschenden Aktionärs der Zielgesellschaft entspreche, und dieser brauche ihn nicht mit den Minderheitsaktionären zu teilen. (2) Pflichtangebote erschwerten Übernahmen, weil sie die Übernahme teuerer machten und dadurch mögliche Bieter und Bieterkonkurrenten abschreckten. Das gelte besonders für Länder mit Kontrollaktionärsstruktur, aber – wegen des Verbots von gestaffelten Übernahmeangeboten mit unterschiedlichem Preis – auch für Länder mit Streubesitzstruktur. Die Folge sei, dass wünschenswerte Übernahmen unterblieben und Kontrollblöcke perpetuiert würden. Das gehe zu Lasten der Aktionäre und schwäche den Markt für Unternehmenskontrolle. (3) Der Schutzzweck von Pflichtangeboten werde nicht erreicht. Denn sie könnten durch Blocktransaktionen außerhalb der Börse und Strukturmaßnahmen wie Verschmelzung vermieden und auch sonst umgangen werden, etwa durch freiwillige niedrige Angebote zu einem günstigen Zeitpunkt (low balling, creeping in).[125] (4) Pflichtangebote seien nur für börsennotierte Gesellschaften

---

Takeover Rules, in: van Hooghten (Fn. 51), p. 103 et s.; auch External Study (Fn. 4), p. 122, 174.

[122] Nach den diesbezüglichen Statutes haben Minderheitsaktionäre bei Erwerb der Kontrolle oder eines Blocks von 20 (Pennsylvania), 25 (Maine) und 50 % (South Dacota) ein Recht auf cash-out zu einem „fair price", External Study (Fn. 4), p. 122, 174.

[123] Rule 14-d10 Sec.Exch.Act of 1934 as revised in 2006. Diese Rule gilt nicht bei einem merger.

[124] Pacces, Featuring Control Power, Rotterdam 2007, p. 664 et s., 670 et s., 768 et s.; McCahery/Vermeulen (Fn. 98), p. 2195 et s.; Wymeersch, Festschrift für Hommelhoff (Fn. 109); Lau Hansen (Fn. 88).

[125] Zu Gestaltungsmöglichkeiten aus der Praxis H. Krause, Die „kalte" Übernahme, in: Festschrift für U.H. Schneider, Köln 2011, S. 669.

vorgesehen, für Gründer und kontrollierende Aktionäre möglicherweise ein Grund, der gegen einen Börsengang spreche. Das schade dem Anlagepublikum und dem Markt für Unternehmenskontrolle.

Allen vier Einwänden stehen jedoch – nach der hier vertretenen Auffassung schlagende – rechts- und wirtschaftswissenschaftliche Argumente[126] gegenüber:

(1) Die Rolle von Spielregeln für den Markt (rules of the game)

Korrigierende Eingriffe des Gesetzgebers in den Markt verfälschen nicht notwendigerweise das Marktgeschehen, sondern können als Spielregeln für den Markt (rules of the game) durchaus sinnvoll und manchmal sogar notwendig sein. Der Kontrollwechsel von einem alten zu einem neuen Mehrheitsaktionär ist nicht auf jeden Fall wünschenswert. Das Pflichtangebot stellt sicher, dass der neue nur dann ein Angebot macht, wenn sich die Übernahme für ihn trotz des Pflichtangebots noch lohnt. Das legt die Latte zwar höher als ohne Pflichtangebot, aber verhindert tendenziell ineffiziente Übernahmen.[127]

---

[126] Ausführlich schon Reul (Fn. 119), S. 130 ff., 238 ff., 250; Herkenroth, Konzernierungsprozesse im Schnittfeld von Konzernrecht und Übernahmerecht, Berlin 1994; Prantl, Konzernbildung, Konzernrecht und Minderheitenschutz in Deutschland – Eine ökonomische Analyse, Regensburg 1994; H. Krause, Das obligatorische Übernahmeangebot, Eine juristische und ökonomische Analyse, Baden-Baden 1996. Neuer Bolle, A comparative overview of the mandatory bid rule in Belgium, France, Germany and the United Kingdom, Baden-Baden 2008, at 31 et s., 279 et s.; Davies, The Notion of Equality in European Takeover Regulation, in Payne, ed., Takeovers in English and German Law, Oxford (2002), p. 9; Davies/Hopt, Control Transactions (Fn. 39), at 252 et s. Eine klare, ökonomisch und ausdrücklich nicht mit Gleichheits- und Fairnessargumenten, sondern mit Synergiegewinnen begründete Stellungnahme für das Pflichtangebot findet sich jüngst bei Schuster, Efficiency in Private Control Sales – The Case for Mandatory Bids, LSE Law, Society and Economy Working Paper Series, WPS 8-2010, May 18, 2010, abrufbar unter http://ssrn.com/abstract=1610259.

[127] Davies et al. (Fn. 61) 106 note 4; Davies/Hopt, Control Transactions (Fn. 39) at 254; vgl. auch Bebchuk (Fn. 121) at 968 et s.; Kahan, Sales of Corporate Control, 9. J. of Law, Economics and Organization 368 (1993).

(2) Marktnahe, frühe Ausscheidensmöglichkeit zu einem fairen Preis (early exit)

Es ist richtig, dass Pflichtangebote *Übernahmen teuerer* machen und *manche* noch *effiziente Übernahmen verhindern können.*[128] Dieser Effekt ist je nach Aktionärsstruktur unterschiedlich hoch, bei durchgängigem Streubesitz ist er niedriger, als wenn Blockaktionäre herausgekauft werden müssen. Dem Anlagepublikum entgehen also infolge des Pflichtangebots bestimmte Chancen. Richtig ist aber auch, dass erst ein Pflichtangebot es den Minderheitsaktionären ermöglicht, zum Zeitpunkt der Kontrollübernahme entweder zum gleichen Preis wie der alte Kontrollaktionär oder jedenfalls zu einem zu ermittelnden fairen Preis auszusteigen *(early exit)*. Wenn dem entgegengehalten wird, für die Minderheitsaktionäre ändere sich durch den bloßen Kontrollwechsel nichts, ist das unzutreffend. Es ist sehr wohl möglich, dass der neue das Unternehmen schlechter führt, die Einpassung des Zielunternehmens in den Konzern des Neuen den Interessen des Zielunternehmens und seiner Aktionärschaft nicht entspricht oder sogar Ausplünderung und Zerschlagung *(looting)* drohen. Das Pflichtangebot gibt jedem einzelnen Minderheitsaktionär[129] die Option, selbst oder unter Zuhilfenahme eines Beraters zu entscheiden, ob er in der Gesellschaft unter neuer Kontrolle bleiben oder lieber ausscheiden und anderweitig investieren will. Dieser Schutz greift ex ante.[130] Dies ist in besonderem Maße aktionärsschützend, wenn in den verschiedenen Ländern die Gefahren eigennütziger Verhaltensweisen des Kontrollaktionärs unterschiedlich groß sind[131]

[128] Befragungsergebnisse der External Study (Fn. 4), p. 184. In Schweden und Finnland ist, noch bevor die Richtlinie ein Pflichtangebot vorsah, ein solches von Blockaktionären und Verwaltungen aus eben diesem Grund gefordert worden. Auch External Study (Fn. 4), p. 123 et s.

[129] Zu der These eines dispositiven Übernahmerechts, das auch die Pflichtangebotsregelung erfassen würde, schon oben II 2 a, b (3).

[130] Verkannt von CEPS External Study (Fn. 4), p. 291, wo von ex post-protection die Rede ist.

[131] Diese sind nicht mit den in der ökonomischen Theorie diskutierten private benefits of control identisch, die auch Vorteile des Kontrollaktionärs umfassen, die zugleich für die übrigen Aktionäre nützlich sind (value-creating v. value-expropriating). Dazu gibt es einen umfassende law & finance-Literatur, z. B. Dyck/Zingales, Private Benefits of Control: An International Comparison, 59 The Journal of Finance 537 (2004): die dort aufgeführte Länderliste (Kontrollprämien, Berechnung Table II at 551; institutional variables, Table VIII at 580) reicht von 1 % (USA, Vereinigtes Königreich), 2 % (Frankreich) bis zu 37 bzw. 38 % (Italien, Österreich)

bzw. diesbezügliche Minderheitsrechte erst später im Konzern in Verfahren von langer Zeitdauer und mit unsicherem Ausgang erkämpft werden müssen; das wird von denen verkannt, die dem Übernahmemarkt dem freien Spiel von Angebot und Nachfrage überlassen wollen und von einer contestability von control power durch mögliche feindliche Übernahmeangebote nichts halten, da der Minderheitsaktionärsschutz anderweitig gewährleistet sei oder werden könne.[132] Das Pflichtangebot ist deshalb schon früh zwar nicht als Alternative zum Konzernrecht, aber funktional als Mittel der Konzerneingangskontrolle bezeichnet worden.[133] Länder, die kein Pflichtangebot und keinen anderen Konzerneingangsschutz kennen, sind auf einen Minderheitenschutz ex post durch Konzernrecht oder andere Regelungen wie in den USA[134] angewiesen, die für die Minderheitsaktionäre nach ihrem Inhalt meist ungünstiger und nach ihrer Durchsetzung auf jeden Fall aufwendiger und unsicherer sind.

Das Pflichtangebot ist zudem eine *besonders marktnahe Lösung*. Denn wie die Chancen und Risiken der Zielgesellschaft unter neuer Kontrolle einzuschätzen sind, beurteilen die Betroffenen selbst: also weder die Verwaltung noch die Hauptversammlung, sondern ein jeder einzelne Aktionär am Markt. Das Pflichtangebot führt dazu, dass durchaus unterschiedliche Aktionärsinteressen und ex ante-Einschätzungen der Sinnhaftigkeit einer Übernahme zu einer marktnahen Beurteilung des

---

und 65 % (Brasilien); alle Zahlen kurz referiert auch in External Study (Fn. 4), p. 124. Neuer verdienstlich Pacces (Fn. 124), p. 273 et s. Auch CEPS External Study (Fn. 4), p. 273.

[132] Das ist die zentrale These von Pacces (Fn. 124), passim, zusammenfassend p. 768: „When control is entrenched and non-controlling shareholders are protected from expropriation, unequal treatment of shareholders is preferable to the mandatory bid.“ Die Kombination von Vertrauen in den freien Übernahmemarkt und Vertrauen in einen wirksamen Minderheitsaktionärsschutz durch die Rechtsordnung ist bemerkenswert. Auch wenn dieses letztere Vertrauen in dem einen oder anderen Land berechtigt sein wird, ist für ein europäisches Übernahmerecht in Rechnung zu stellen, dass die EU 27 Mitgliedstaaten hat mit großen Unterschieden, was ihre Aufsichtsbehörden und Gerichte angeht, vgl. unten III 1 b (4) Fn. 142, auch V 3 a, b.

[133] Hopt, ZHR 161 (1997) 368 (384 ff., 387); ders. (Fn. 48), S. 51; Davies/Hopt, Control Transactions (Fn. 39) at 253 mit weiteren Argumenten, u.a. dass das Pflichtangebot eine Antwort auf das Koordinierungsproblem der Minderheitsaktionäre gegenüber dem Bieter darstellt, weil ex ante nicht sicher ist, ob das Angebot wohlfahrtsfördernd ist oder nicht.

[134] In den USA benötigen Erwerber eines Kontrollblocks für drei bis fünf Jahre nach dem Erwerb die Zustimmung des board der Gesellschaft für bestimmte Transaktionen, External Study (Fn. 4), p. 110.

Übernahmeangebots aggregiert werden. Hinzu kommt ein Weiteres: Das Anlegerpublikum, das sich sicher sein kann, bei öffentlichen Übernahmeangeboten eine solche frühe und individuelle Exitmöglichkeit zu haben, wird sich tendenziell eher zu einer Investition in solchen Gesellschaften bereit finden. Das Pflichtangebot stärkt damit das Vertrauen des Anlegerpublikums in den Kapitalmarkt[135]. Auch wenn die konkreten Auswirkungen dieses Vertrauenszuwachses nicht exakt gemessen werden können, wären sie doch bei einem ökonomischen Kalkül gegenüber der Erschwerung von Übernahmeangeboten durch die Pflichtangebotsregelung mit ins Kalkül zu ziehen.

(3) Das Umgehungsargument

Das Umgehungsargument ist wie immer schwach. Umgehungen sind eine Frage von Inhalt und Reichweite der Regelung und ihrer Durchsetzung. Will man die Vermeidung von Pflichtangeboten durch Blocktransaktionen versperren, muss der Gesetzgeber eben ein entsprechendes Regime für diese suchen, das allerdings nicht notwendigerweise dasselbe sein muss wie für öffentliche Übernahmen. Der französische Gesetzgeber hat eben das getan.[136] Wenn man keine Ungleichbehandlung von öffentlichen Übernahmeangeboten und Strukturmaßnahmen wie Verschmelzung dulden will, muss der Gesetzgeber nach österreichischem Beispiel für die Abstimmung der für beide geltenden Regeln sorgen.[137] Wenn man ein low balling verhindern will, kann man sich an der soeben erfolgten Änderung des britischen Takeover-Rechts orientieren.[138]

(4) Relevanz für Unternehmensgründungen und Börsengänge

Auch das vierte Argument ist nicht überzeugend. Unternehmensgründungen und Börsengänge sind hoch komplexe Entscheidungen, die von einer Vielzahl von Überlegungen abhängen. Dass dafür das Bestehen ei-

---

[135] Zur Relevanz des Vertrauens der Anlegerschaft am Kapitalmarkt Moloney, Confidence and Competence: the Conundrum of EC Capital Markets, 4(1) J. of Corporate Law Studies (2004) 1.

[136] Viandier, OPA, OPE et autres offres publiques, Paris, 4e éd., 2010, 2e partie: Garantie de cours, nos 2300 et s.

[137] Diregger/Kalss/Winner, Das österreichische Übernahmerecht, 2. Aufl., Wien 2007, S. 109 ff.; Edtbauer in Birkner, Hrsg., Handbuch Übernahmerecht, Wien 2012, S. 52; Gurmann, ebenda, S. 61 f.

[138] Unten III 2 c.

ner Pflichtangebotsregelung maßgeblich sein soll, ist sehr unwahrscheinlich. Aber selbst wenn das eine gewisse Rolle spielen sollte, wäre der oben erwähnte Effekt, dass eine Exitmöglichkeit tendenziell die Bereitschaft zur Anlage fördert, mit in Betracht zu ziehen.

(5) Folgerungen

Insgesamt wird man also sagen können, dass das Pflichtangebot zwar einerseits Übernahmen erschwert, andererseits aber als Konzerneingangsschutz ganz erhebliche Vorteile hat, die den Minderheitsaktionären einen frühen Schutz gewähren (*ex ante protection*),[139] den sie durch später eingreifende und ein Verfahren erfordernde Schutznormen wie z.B. das deutsche Konzernrecht (*ex post protection*)[140] nicht haben.[141] Nicht überzeugen kann deshalb auch der insbesondere von ökonomischer Seite gebrachte Einwand, die (partiellen) ökonomischen Kosten des Pflichtangebots könnten durch besseren Schutz der Minderheitsaktionäre nach Übernahme bzw. im Konzern erspart werden.[142] Wenn diese Alternative

---

[139] Das ist eine funktionale Aussage. Das Pflichtangebot im Vereinigten Königreich hat zwei Gründe: early exit und Gleichbehandlung, P. Davies and S. Worthington in Gower and Davies, Principles of Modern Company Law, 9th ed., London 2012, at 28–46, p. 1067 et s. Dass es dort nicht konzernrechtlich verstanden wird, steht dem nicht entgegen. Ein weiteres Ziel des Pflichtangebots kann die Aufrechterhaltung der Integrität des Wahlprozesses sein, auch oben Fn. 133. Zur Diskussion der Zwecke auch Psaroudakis, The Mandatory Bid and Company Law in Europe, ECFR 2010, 550 at 551 et s. Das Abstellen eher auf Gleichbehandlung hat reale Auswirkungen, so im Vereinigten Königreich bei der Preisregelung, nämlich Abstellen auf Gleichbehandlung und nicht auf den Börsenkurs, und bei der Angebotspflicht, etwa bei Konzernierung durch Absprache auch ohne Aktienerwerb (unten III 2 d bei Fn. 206), Winner, Wien, 3. 1. 2013.

[140] Dass das Pflichtangebot das Konzernrecht nicht zu ersetzen vermag, ist unbestreitbar, Hopt, ZHR 161 (1997), 368 (387f.), dort auch zu den später zu Recht wieder aufgegebenen Überlegungen der Europäischen Kommission, das Pflichtangebot und Konzernrecht könnten möglicherweise gleichwertig sein. Zur umgekehrten Frage, ob die Kumulation von Pflichtangebot als Konzerneingangsschutz und Konzernrecht deutscher Prägung in vollem Umfang nebeneinander notwendig ist oder nicht, ebenda.

[141] Gower and Davies (Fn. 139) at 28–46, p. 1067.

[142] Schon oben III 1 b (2) Fn. 132. So aber CEPS External Study (Fn. 4), p. 291 und schon p. 281 n. 326 m. w. N.; ausführlich Pacces (Fn. 124), p. 661 et s., 682 et s., 699 et s., 703 et s., für fiduciary duties, der konsequent das amerikanische Modell für dem britischen überlegen hält. Vgl. auch Wymeersch, Festschrift für Hommelhoff (Fn. 109), S. 1385 f. für Regeln über Interessenkonflikte und eigennützige Transaktionen im Konzern (related party transactions, private benefits of control), z. B.

nicht überzeugt und die empirischen Befunde zu den Einbußen für den Übernahmemarkt und den Vorteilen für den Minderheitsaktionärsschutz und zum Verhältnis beider Effekte nicht konklusiv sind,[143] dann ist es Sache des Gesetzgebers, sich für eine Lösung zu entscheiden, und diese ist nach der hier vertretenen Auffassung das Pflichtangebot.

2. *Reformfragen zum Pflichtangebot im einzelnen*

Auch wenn somit eine grundsätzliche Revision von Art. 5 der Richtlinie aus guten Gründen ausscheidet, gibt es doch eine ganze Reihe speziellerer Reformfragen zum Pflichtangebot, die aufzugreifen teils Aufgabe der Europäischen Kommission wäre, teils eine solche der nationalen Gesetzgeber, das heißt in Deutschland im Rahmen einer Reform des WpÜG. Zu diesen Reformfragen gehören: a) die Kontrollschwelle; b) das opting up und opting out; c) das low balling und das creeping in; d) die Kontrollausübung auf Grund eines Stimmbindungsvertrags; e) die Ausnahmen vom Pflichtangebot und f) die Preisbemessung. Von diesen Reformfragen beabsichtigt die Kommission, wie oben berichtet,[144] allenfalls drei aufzugreifen, nämlich c) und e) sowie von den das Pflichtangebot übergreifenden Reformüberlegungen (unten II 3 a) das acting in concert. Die folgende Darstellung behandelt diese drei Reformmaßnahmen nicht vorab, sondern in der ihnen gemäßen systematischen Reihenfolge.

Offenlegung, Einschaltung von Experten, Kontrolle durch board bzw. Aufsichtsrat und u. U. die Hauptversammlung. Der weitere Vorschlag, private Kontrolltransaktionen, bei denen keine „private benefits" erlangt werden, vom Pflichtangebot auszunehmen, ebenda, p. 7 et s., ist kaum rechtssicher zu praktizieren; wie soll die Aufsichtsbehörde nach Art. 4 Abs. 5 der Richtlinie das feststellen? Zu den Ausnahmen vom Pflichtangebot und einem diesbezüglichen weiten Ermesssen der Aufsichtsbehörde unten III 2 f. und V 3 a.

[143] Berglöf/Burkart, European Takeover Regulation, Economic Policy 36 (2003), 173, at 195 for takeover defenses, at 196 for the mandatory bid rule. Vgl. auch Burkart/Gromb/Mueller/Panunzi, Legal Investor Protection and Takeovers, April 1, 2011, abrufbar unter http://ssrn.com/abstract=1854367: besserer Anlegerschutz kann die Effizienz der Takeoverergebnisse fördern, wenn man die Außenfinanzierung mit berücksichtigt.

[144] Oben I 3 b, c.

a) Die Kontrollschwelle

Die Richtlinie hat in Art. 5 bisher den Begriff des „die Kontrolle begründenden Anteil(s) an den Stimmrechten dieser Gesellschaft", also die Kontrollschwelle, nicht definiert, sondern die Bestimmung des prozentualen Anteils der Stimmrechte, der eine Kontrolle im Sinne von Abs. 1 begründet, ebenso wie die Art der Berechnung dieses Anteils in Art. 5 Abs. 3 den Mitgliedstaaten überlassen. Die Mitgliedstaaten haben die Kontrollschwelle sehr verschieden festgesetzt, mit der Folge zum Teil erheblicher Abstriche an dem von der Richtlinie intendierten Minderheitenschutz.[145] In den meisten Ländern beträgt die Kontrollschwelle nach britischen Beispiel 30 %,[146] in einigen anderen 33 % oder 1/3.[147] Spanien und Dänemark sehen alternativ einen Schwellenwert (30 % bzw. 50 %) und tatsächliche Kontrollerlangung vor. Einige wenige Länder weichen davon erheblich ab[148]: so stellen Tschechien und Estland auf die tatsächliche Kontrolle ab, verbinden das aber mit einer Vermutung, dass der Erwerber Kontrolle hat, wenn er 50 % der Stimmrechte der Gesellschaft innehat, entweder durch eine Holdinggesellschaft oder vermittels einer Vereinbarung oder wenn er die Mehrheit der Mitglieder des Verwaltungsrats kontrolliert. Dänemark und Spanien verbinden beide Kriterien, also die Kontrollschwelle und die tatsächliche Kontrolle: das sind in Dänemark 50 % der Stimmrechte über eine Holdinggesellschaft oder eine Vereinbarung oder Kontrolle der Mehrheit der Mitglieder des Verwaltungsrats oder Kontrolle über die Gesellschaft; Spanien verlangt 30 % der Stimmrechte oder Ernennung von über der Hälfte der Mitglieder des Verwaltungsrats innerhalb von 24 Monaten. Diese Unterschiede sind nicht nur solche nach Zahlen, sondern man muss sehen, dass 30 % oder ein Drittel für die tatsächliche Kontrolle je nach Land

---

[145] Präambel, Erwägungsgrund (9) der Richtlinie.

[146] So Belgien, Deutschland, Finnland, Frankreich seit der Reform vom 22. 10. 2010 (vorher 1/3), Irland, Italien, Niederlande, Österreich, Schweden, Tschechien, Vereinigtes Königreich und Zypern; External Study (Fn. 4), p. 128 et s. Eine zweite Stufe sehen Finnland (50 %), Polen (66 %) und Portugal (50 %) vor, ebenda; zur zweiten Kontrollschwelle unten II 2 c. Trotz gleicher Kontrollschwelle können sich Unterschiede bei der Berechnung ergeben, etwa hinsichtlich der Zurechnung von Stimmrechten (vgl. § 30 WpÜG, insoweit unrichtig oder jedenfalls unklar External Study, Fn. 4, p. 132 oben).

[147] Griechenland, Luxemburg, Polen, Portugal, Rumänien, Slowakei, Ungarn; ebenda.

[148] Ebenda.

etwas ganz Verschiedenes bedeuten kann, weil die dortigen Hauptversammlungsmehrheiten unterschiedlich sind. Je nachdem kann ein Bieter mit 30 % die tatsächliche Kontrolle auf der Hauptversammlung innehaben oder nicht.[149]

Aus diesem Grund ist die Forderung laut geworden, das unterschiedliche Schutzniveau durch eine Definition, was Kontrolle im Sinne von Art. 5 bedeutet, zu egalisieren, und zwar am besten in einem neuen Art. 5 Abs. 3, andernfalls in den Übernahmerechten der Mitgliedstaaten. Demgegenüber ist nach der oben erwähnten Umfrage[150] eine große Mehrheit der Befragten (71,4 %) für die Beibehaltung der Schwelle von 30 % in § 29 Abs. 2 WpÜG. Andere Schwellenwerte[151] fanden jeweils weniger als 20 % Zustimmung von jeder einzelnen Antwortgruppe. Der Vorschlag, angesichts der sehr unterschiedlichen Hauptversammlungspräsenzen in deutschen Gesellschaften den formalen Kontrollbegriff des deutschen Rechts um einen an den Hauptversammlungspräsenzen orientierten, materiellen Kontrollbegriff zu ergänzen,[152] fand in der Diskussion keinen Beifall, weil das zu einer erheblichen Rechtsunsicherheit führe, die Hauptversammlungspräsenz im Zusammenhang mit der Höhe des Streubesitzes gesehen werden müsse und die Gesellschaft durch gezielte Investor Relations die Höhe der Präsenz beeinflussen könne.[153] Eine materielle Schwelle gab es in Österreich, sie wurde aber im Zuge einer größeren Reform zugunsten der formalen von 30 % wieder abgeschafft.[154]

---

[149] Vgl. mit Fallstudien Grant/Kirchmaier/Kirshner, Financial Tunneling and the Mandatory Bid Rule, EBOR 10 (2009), 234.

[150] Survey Report (Fn. 89), p. 25; Expertenumfrage (Fn. 89), ZIP 2012, 1 (7), dort 71,3 %.

[151] 25 %, 35 %, 50 %, ebenda.

[152] Sepe (Fn. 121) at 20 et s.: tatsächliche Kontrolle in der Zielgesellschaft oder durchschnittliche tatsächliche Kontrolle in dem jeweiligen Land; damit sympathisierend CEPS External Study (Fn. 4), p. 292: dynamic threshold; auch Cahn, Der Kontrollbegriff des WpÜG, in Mülbert u. a. (Fn. 13), S. 77 (107), unter Berufung auf die bei einem nicht unerheblichen Teil der Gesellschaften liegende Hauptversammlungspräsenz von unter 60 %, zu diesen ebenda, S. 94 ff. Zum Verhältnis des übernahmerechtlichen (formalen) und des konzernrechtlichen (materiellen) Kontrollbegriffs Brellochs, NZG 2012, 1010.

[153] Ebenda, Diskussionsbericht, S. 108.

[154] Die Gründe dafür waren allerdings nicht, dass mit der materiellen Kontrollschwelle schlechte Erfahrungen gemacht worden wären, sondern lagen komplexer. Zur früheren und jetzigen Kontrollschwelle Diregger/Kalss/Winner (Fn. 137), Rn. 179 ff.

Auch wenn man eine Schwelle für die einzelne Gesellschaft nach der Hauptver-

Tatsächlich bringt eine materielle Kontrollschwelle erhebliche Unsicherheiten bei der Ermittlung mit sich, die den Aktienerwerb empfindlich erschweren würden, vor allem wenn sich der Erwerber bereits in der Nähe der 30 %-Schwelle befindet. Er müßte dann vor jedem Hinzuwerb von Aktien des Unternehmens die Hauptversammlungspräsenzen der Zielgesellschaft ermitteln. Diese Unsicherheit würde zu der ohnehin bestehenden treten, die sich aus der Zusammenrechnung des für die Kontrollschwelle relevanten Aktienbesitzes aufgrund des acting in concert[155] ergeben. Die Unsicherheiten potenzieren sich, wenn Aktien von Gesellschaften aus anderen Mitgliedstaaten erworben werden und der Erwerber dann dort die notwendigen Ermittlungen anstellen müßte. Das spricht auf jeden Fall dagegen, eine solche materielle Kontrollschwellenregelung auf europäischer Ebene vorzuschreiben.

b) Optionsmöglichkeiten (opting up und opting out)

Auch wenn man es bei einer festen Kontrollschwelle wie in den meisten Mitgliedstaaten belässt, fragt sich, ob diese in der Weise flexibilisiert werden sollte, dass die einzelnen Gesellschaften auf Grund ihrer *Satzungsautonomie* die *Kontrollschwelle verschieben* können sollen – nach unten und oben, also *opting down und opting up*, wie etwa von der CONSOB jüngst für Italien vorgeschlagen,[156] oder *opting up und opting out* wie im schweizerischen Übernahmerecht. Dort können die Gesellschaften in ihren Statuten die Kontrollschwelle von 33 1/3 % auf bis zu

sammlungspräsenz ablehnt, könnte man für die gesetzliche Schwelle auf den typischen Streubesitz bei der Hauptversammlung abstellen. In Österreich kommen im Schnitt knapp unter 20% des Streubesitzes zur Hauptversammlung. Wer also 30% erwirbt, denen 14% Streubesitz gegenüber stehen, hat eine satte, bei unterdurchschnittlichem Streubesitz eventuell sogar eine satzungsändernde Mehrheit. Die Schwelle von 30% ist also für Österreich sehr hoch – einige Gesellschaften werden schon mit geringeren Beteiligungen, zum Teil gekoppelt mit Entsendungsrechten, kontrolliert –, während im Vereinigten Königreich bei einer Streubesitzpräsenz von circa 50% die 30%-Schwelle tief ist (30% zu 35%), Winner, Wien, 5. 1. 2013.

[155] Unten III 3 a.

[156] Dies ist von der italienischen CONSOB (Commissione Nazionale per le Società e la Borsa) am 25. 7. 2011 für neue Gesellschaften vorgeschlagen worden, und zwar nach unten bis auf 25 % und nach oben bis auf 35 %; siehe Konsultation http://www.consob.it/main/aree/novita/consultazione_emi_mer_20110725_osservazioni.html. Dort finden sich auch die Antworten, darunter eine sehr positive der Borsa Italiana; weitere Nachweise bei Expertenumfrage (Fn. 89), ZIP 2012, 1 (7 Fn. 24).

49 % der Stimmrechte anheben (opting up)[157] und die Angebotspflicht sogar gänzlich abbedingen (opting out).[158] Allerdings darf das gänzliche opting out nicht zu einer Benachteiligung im Sinne von Art. 706 OR führen. Eine solche liegt beispielsweise vor, wenn Aktionären in unsachlicher Weise Rechte entzogen werden oder eine durch den Gesellschaftszweck nicht gerechtfertigte Ungleichbehandlung oder Benachteiligung erfolgt.[159] Was das konkret für die Grenzen des Ausschlusses des Übernahmeangebots bedeuten soll, wird jedoch nicht recht ersichtlich. Möglicherweise wäre an einen unsachlichen Entzug zu denken, wenn bereits ein Übernahmeangebot ansteht und im Hinblick auf dieses konkrete Erwartungen der Minderheit bestehen, die durch Änderung der Statuten ad hoc düpiert würden. Auch besteht eine Ungleichbehandlung der Minderheitsaktionäre gegenüber dem Mehrheitsaktionär immer schon dann, wenn es kein Pflichtangebot gibt. Wie nach Art. 706 OR gerade der Gesellschaftszweck den Ausschluss rechtfertigen soll, ist ebenfalls nicht einsichtig. Man müßte eventuell an Fälle denken, in denen der Gesellschaftszweck eine besondere Stellung des Mehrheitsaktionärs im Hinblick auf die Finanzierung und die Kontrollprämie notwendig machen würde. Immerhin haben jüngste Entscheidungen der Übernahmekommission gewisse Konkretisierungen gebracht, vor allem angemessene Information der Aktionäre über alle relevanten Umstände, zumal wenn eine einschlägige künftige Transaktion ansteht.[160]

Rechtspolitisch sind Regelungen, die nach Schweizer Muster die Satzungsfreiheit auf das Übernahmerecht erstrecken, für all diejenigen interessant, die ohnehin für ein dispositives Übernahmerecht eintreten. Dazu ist das Notwendige schon oben gesagt worden.[161] In der Schweiz wird

[157] Art 32 Abs. 1 Satz 2 BEHG; Hofstetter/Schilter-Heuberger in Watter/Vogt, Hrsg., Börsengesetz, Finanzmarktaufsichtsgesetz, 2. Aufl., Basel 2011, Art. 32 BEHG Rn. 58 ff., 149; Schenker, Schweizerisches Übernahmerecht, Bern 2009, S. 538. Ferner Höhn/Lang/Roelli, Öffentliche Übernahmen, Basel 2011.

[158] Art 22 Abs. 2 und 3 BEHG; Hofstetter/Schilter-Heuberger in Watter/Vogt (Fn. 157), Art. 32 BEHG Rn. 18 ff.; Schenker (Fn. 157), S. 530 ff. Bemerkenswert ist, dass die in Art. 22 Abs. 2 und 3 BEHG erwähnte Statutenänderung von der Generalversammlung mit einfacher Mehrheit beschlossen werden kann, also ohne Anwesenheits- oder Mehrheitserfordernisse, Tschäni/Iffland/Diem in Watter/Vogt (Fn. 157), Art. 22 BEHG Rn. 23 a. E.

[159] Tschäni/Ifflad/Diem in Watter/Vogt (Fn. 157), Art. 22 BEHG Rn. 18 ff.; zum Streit um die Möglichkeit eines erneuten opting in ebenda, Art. 22 BEHG, Rn. 28 ff.

[160] Dazu External Study (Fn. 4), p. 168.

[161] Oben II 2 b (3).

diese Flexiblisierung von manchen Stimmen der Wissenschaft als deutlicher Vorteil gegenüber der europäischen Richtlinie angesehen.[162] Aus der Praxis wird berichtet, dass 16 an der SWX kotierte Schweizer Gesellschaften hinaufoptiert und 57 hinausoptiert haben.[163] Dennoch ist das opting out in der Schweizer Praxis deutlich seltener, als man das nach der kontroversen Vorgeschichte der Regelung hätte erwarten müssen. Vor allem aber ist bei den im Index SMI zusamengefassten Gesellschaften keine opting out-Klausel mehr zu finden.[164] Offenbar werden solche Klauseln, die Minderheitenrechte beseitigen, am Kapitalmarkt nicht gerne gesehen,[165] was die oben erwähnte Einschätzung der Relevanz von Anlegervertrauen für diesen[166] stützt, dies obwohl negative Auswirkungen auf die Kurse nicht feststellbar sind[167]. Zusätzlich bestätigt wird das durch die oben erwähnte Umfrage. Danach lehnt eine deutliche Mehrheit eine Satzungsautonomie für die Regelung einer niedrigeren oder höheren Kontrollschwelle ab (71,3 %), besonders prononciert die Investmentbanken (89,3 %).[168] Zu der Minderheit, die sich für die Einführung der Satzungsautonomie aussprach, gehörten vor allem die Unternehmenvertreter (39,3 %), die Wissenschaftler (35,7 %) und die Rechtsberater (27,3 %). All das spricht eher für eine einheitliche feste Kontrollschwelle, ganz besonders auf europäischer Ebene. Denn das Anlagepublikum, für das das Bestehen einer Pflichtangebotsregelung nach dem oben Gesagten wichtig sein kann, braucht sich dann nicht jeweils nach besonderen Satzungsbestimmungen ausländischer Gesellschaften zu erkundigen. Eine diesbezügliche Standardisierung senkt die Transaktionskosten und ist für die grenzüberschreitende Anlage vorteilhaft.

---

[162] Hofstetter/Schilter-Heuberger in Watter/Vogt (Fn. 157), Art. 32 BEHG Rn. 149; Hofstetter, One size does not fit all: Corporate Governance for „Controlled Companies", North Carolina J. Int. L. & Comm. Reg. 31 (2006), 597, 636 ff., 646 ff. Vgl. auch Daeniker, Angebotspflicht und Kontrollprämie – die Schweiz gegen den Rest der Welt?, in: Tschäni, Hrsg., Mergers & Acquisitions XIII (2010), 93.

[163] Nobel, Die 13. Richtlinie der EU betreffend Übernahmeangebote im Vergleich zur schweizerischen Rechtsordnung, in: Tschäni, Hrsg., Mergers & Acquisitions VIII, Zürich 2006, S. 29 (42): Stand August 2005.

[164] Tschäni/Iffland/Diem in Watter/Vogt (Fn. 157), Art. 22 BEHG Rn. 22.

[165] Anders offenbar die Borsa Italiana (Fn. 156).

[166] Oben III 1 b (2) mit Fn. 135.

[167] Schenker (Fn. 157), S. 532.

[168] Survey Report (Fn. 89), p. 26, dort nur Frage nach einer niedrigeren Kontrollschwelle; Expertenumfrage (Fn. 89), ZIP 2012, 1 (7).

c) Low balling und creeping in (Reformüberlegung der Kommission)

Besonders streitig ist, wie mit einer Umgehung des Pflichtangebots durch zeitlich geschickt gemachte, freiwillige Übernahmeangebote, die dann kein weiteres Pflichtangebot auslösen (*Art. 5 Abs. 2 der Richtlinie; low balling, creeping in*[169]), umgegangen werden soll. Art. 5 Abs. 2 sieht vor, dass dann, wenn die Kontrolle aufgrund eines ordnungsgemäßen[170] freiwilligen Angebots erlangt worden ist, kein weiteres (Pflicht-)Angebot abgegeben werden muss. Das ist zwar grundsätzlich sachgerecht,[171] löst aber nicht die Umgehungsfrage. Die Kommission hat in ihrem Anwendungsbericht vom Juni 2012 zu erkennen gegeben, dass sie derartige Umgehungen als vertragswidrig ansieht und dagegen einzuschreiten gedenkt.[172]

Wie die Erfahrungen aus den Mitgliedstaaten zeigen, kann dem low balling und creeping in im Wesentlichen durch zwei Maßnahmen begegnet werden. Zum einen könnten *zusätzliche Kontrollschwellen* eingezogen werden, der Bieter müßte also ein erneutes Pflichtangebot abgeben, wenn er innerhalb einer gewissen Zeit nach der Übernahme die Stimmrechtsschwelle von 30 % (nur bis 50 %) überschreitet.[173] Das sehen – bei Unterschieden im einzelnen – verschiedene Mitgliedstaaten vor, z.B. Österreich, Italien, Finnland[174] und seit der Reform vom 22.10. 2010

---

[169] Die Definitionen sind unklar und streitig. Low balling und creeping werden oft als synonym gebraucht, kritisch Hitzer/Düchting, ZIP 2011, 1084 Fn. 8. Auch die Termini Anschleichen (dazu III 2 d) und Einschleichen werden gebraucht. Wenn man unterscheiden will, dann sollte man low balling für die Versuche des Bieters, möglichst günstig die Pflichtangebotsschwelle von 30 % zu überschreiten, und creeping in für die Frage zu verwenden, ob ein zweites Pflichtangebot gemacht werden muss. Man könnte auch creeping in für den Erwerb bis 30 %, creeping on für den bis 50 % und definitive legal control ab 50 % gebrauchen.

[170] D.h. dass es im Einklang mit der Richtlinie allen Wertpapierinhabern für alle ihre Wertpapiere unterbreitet worden ist, Art. 5 Abs. 2 letzter Halbsatz. Für Deutschland § 35 Abs. 3 i.V.m. §§ 29ff., 31 WpÜG, wonach der Bieter bei einem (freiwilligen) Übernahmeangebot eine angemessene Gegenleistung anzubieten hat.

[171] Ausführlich Tyrolt/Cascante, Pflichtangebotsbefreiung durch Übernahmeangebot und Mindestpreisregelungen, in Mülbert ua (Fn. 13), S. 110 (111ff.).

[172] Oben I 3 b unter 3).

[173] Rechtsvergleichende Nachweise in External Study (Fn. 4) table p. 129, 130.

[174] Zu Österreich § 22 Abs. 4 öÜbG, dazu Diregger/Kalss/Winner (Fn. 137), Rn. 218ff.; Gurmann in Birkner (Fn. 137), S. 67f.; Kalss, Creeping-in und Beteiligungstransparenz, in: Kaemmerer/Veil (Fn. 9) unter IV.3. Vgl. Expertenumfrage (Fn. 89), ZIP 2012, 1, 7; Tyrolt/Cascante (Fn. 171), S. 110 (142).

auch Frankreich, und zwar bei Erhöhung des Aktienbestands oder der Stimmrechte um wenigstens 2 %[175] (bis zu einer Grenze von 50 %) während der nächsten 12 Monate.[176] Zum anderen käme die Einführung eines *Mindestprozentsatzes an Aktien* in Frage, den der Bieter erreichen muss, wenn die Übernahme durchgehen soll, etwa 50 % wie im Vereinigten Königreich.[177] Diese Mindestprozentsatzregelung hängt nicht mit dem Pflichtangebot zusammen, sondern gilt allgemeiner und soll wohl dem Aufbau von den institutionellen Investoren unliebsamen Kontrollblöcken entgegenwirken. Die Niederlande sind kürzlich dem englischen Beispiel gefolgt. In Frankreich war eine solche Regelung vorgeschlagen worden, ist aber nicht Gesetz geworden.

Demgegenüber haben Bieter in Deutschland und anderen Ländern die Möglichkeit, durch Abgabe eines freiwilligen Übernahmeangebots zu einem für sie günstigen Zeitpunkt die 30 %-Schwelle geringfügig zu überschreiten und sich dadurch einem späteren, kostspieligeren Pflichtangebot zu entziehen (§ 35 Abs. 3 WpÜG)[178]. Diese Strategie des *low bal-*

---

[175] So außer Frankreich auch Österreich. Dagegen erst bei 3 % in Italien und Griechenland und schon bei einer Aktie im Vereinigten Königreich, External Study (Fn. 4), p. 127; Tyrolt/Cascante (Fn. 171), S. 110 (142).

[176] Loi no 2010-1249 du 22 octobre 2010 de régulation bancaire et financière, J. O. no. 247 du 23. 10. 2010, p. 18984, abrufbar unter www.journal-officiel.gouv.fr/frameset.html; dazu Dossier Spécial: la loi de régulation bancaire et financière, une réponse à la crise, Bull. Joly Bourse, Février 2011, no. 2, p. 113 et s.; vgl. zum Entwurf Pietrancosta/Bompoint, Revue trim. de droit financier/Corporate Finance and Capital Markets L. Rev (RTDF) 2/2010, 7; Hopt (Fn. 48), S. 65. Bei der Reform des règlement général de l'Autorité des marchés financiers (AMF) mit arrêté, 14 juin 2012 (Fn. 79) ist die zuvor erwogene Einführung einer Verfallsschwelle für das Angebot bei Nichterreichung von 50% aufgrund der Kritik zunächst zurückgestellt worden; Paolaggi/Kessler (Fn. 79), Bulletin Joly Bourse, Novembre 2012, p. 483 (485 et s.).

[177] The Takeover Code Rule 9.1. Zum Kontext der Rule 9.1, wonach Übernahme- und Pflichtangebote nur vollzogen werden dürfen, wenn der Bieter im Anschluss an diese über 50 % der Stimmrechte an der Zielgesellschaft hält, von Bülow (Fn. 13), S. 9 (38 f.). Ferner External Study (Fn. 4), p. 127, 146. Das bedeutet zugleich, dass die Minderheitsaktionäre nicht schon bei 30%, sondern erst ab der hohen 50%-Schwelle mittels Pflichtangebot ausscheiden können; diese zweite Lösung stellt die Minderheitsaktionäre als deutlich schlechter. Demgegenüber wird in Österreich die Schwelle, wenn auch nur bei Übernahmeangeboten zur Kontrollerlangung, mit 50% des Angebotsvolumens festgelegt, was deutlich strenger ist, Winner, Wien, 5. 1. 2013.

[178] Zum Sinn der Regelung RegE WpÜG zu § 35 Abs. 3, BT-Drucksache 14/7034, S. 60; zur Auslegung BaFin, Merkblatt – Auslegung des § 35 Abs. 3 WpÜG durch die

ling[179] und die des damit verwandten *creeping in*[180] ist in Deutschland seit 2007 verschiedentlich mit Erfolg eingeschlagen worden (z.B. Porsche/VW; Deutsche Bank AG/Postbank AG; ACS S.A./Hochtief AG; Volkswagen AG/MAN SE).[181] Das hat zur Forderung geführt, dagegen auch in Deutschland gesetzlich einzuschreiten.[182] Bei der oben erwähnten Umfrage hat eine deutliche Mehrheit (60 %) eine Regelung nach dem Vorbild von Frankreich und Österreich befürwortet, also ein erneutes Pflichtangebot bei weiterem Erwerb von mehr als 2 % der Stimmrechte an der Zielgesellschaft in einem Zeitraum von 12 Monaten.[183] Die Befürworter fanden sich vor allem bei den Investmentbanken, Unternehmen und Gewerkschaften, während die institutionellen Investoren sich mit 83 % dagegen aussprachen und die Wissenschaft etwa hälftig geteilt war. Entsprechende Anregungen sind schon bei Erlass des WpÜG diskutiert, im Finanzausschuss des Deutschen Bundestags aber abgelehnt worden.[184] Im Anschluß an ACS S.A./Hochtief AG sind diese Vorstellungen jedoch wieder aufgegriffen worden und haben zu entsprechenden, presse- und publikumswirksamen Gesetzesentwürfen der SPD-Fraktion im Bundestag und des Landes Nordrhein-Westfalen im Bundesrat zu Änderungen des WpÜG[185] geführt, die jedoch jedenfalls vorerst gescheitert sind.[186]

Wenn man das Pflichtangebot für den Minderheitenschutz für wichtig ansieht und zugleich seinen positiven Beitrag für den Kapitalmarkt in Rechnung stellt, sollte eine das Pflichtangebot gegen low balling und

---

Bundesanstalt für Finanzdienstleistungsaufsicht, 12.7.2007, 1. Fallgruppe: Vollzugsfälle (settlement), abrufbar unter www.bafin.de.

[179] Baums, ZIP 2010, 2374 (2377); Hitzer/Düchting, ZIP 2011, 1084; Seibt, CFR 2011, 213 (217); Expertenumfrage (Fn. 89), ZIP 2012, 1 (7).

[180] Zum creeping in z.B. Tyrolt/Cascante (Fn. 171), S. 110 (140 ff.); Baums, ZIP 2010, 2374; Merkt, NZG 2011, 561; ders., Das übernahmerechtliche Pflichtangebot im Spiegel der Reformdiskussion, in: Veil (Fn. 27), S. 53 (70 ff.); ders. (Fn. 114), S. 542 ff.

[181] Mit Auflistung der Fälle und näheren Angaben Seibt, CFR 2011, 213 (214 ff.).

[182] Z.B. Hirte, Der Konzern 2010, 599.

[183] Survey Report (Fn. 89), p. 27; Expertenumfrage (Fn. 89), ZIP 2012, 1 (7).

[184] Zietsch/Holzborn, WM 2001, 1753 (1755); Merkt, Festschrift für Schwark (Fn. 114), S. 529 (544).

[185] BT-Drucksache 17/3481 und BR-Drucksache 584/2/10, beide vom 27.10. 2010. Dazu Tyrolt/Cascante (Fn. 171), S. 110 (141 ff.).

[186] Bericht und Nachweise bei Expertenumfrage (Fn. 89), ZIP 2012, 1 (3 mit Fn. 16).

creeping in absichernde Lösung gefunden werden. Wie diese aussieht, ist damit allerdings noch nicht gesagt. In Betracht kommt entweder das Einziehen einer zweiten Kontrollschwelle oder eine Lösung über mehr Transparenz.

Eine weitere Kontrollschwelle wäre eine klare Lösung, mit denen die oben genannten Länder gute Erfahrungen gemacht haben.[187] Allerdings gibt es eine Reihe von Einwänden.[188] Zu bedenken ist vor allem, dass mit einer zweiten Kontrollschwelle die Belastung für den Bieter vergrößert und die Gefahr eines unerwünschten Übernahmegebots verringert würde, was ein Grund dafür war, dass die Diskussion in Deutschland erst richtig nach ACS/Hochtief 2010[189] an Fahrt gewonnen hat. Diese Auswirkung wäre bei der Beurteilung der Verteidigungsmaßnahmen des Vorstands mit zu berücksichtigen (womit nicht gesagt wird, dass sich eine starke Pflichtangebotsregelung und ein konsequentes Verhinderungsverbot ökonomisch ausbalancieren). Dazu ist schon oben Stellung genommen worden.[190] Wichtig zu sehen ist auch, dass sich eine weitere Kontrollschwelle in den Mitgliedstaaten durchaus unterschiedlich auswirken kann, was von der Aktionärsstruktur und anderen übernahmerechtlichen Parametern wie der fixen oder materiellen Kontrollschwelle abhängt.[191] Der Einwand, die de minimis-Schwelle von 2 % und der Zeitraum von 12 Monaten seien arbiträr, ist dagegen wie bei allen zahlenmäßigen Grenzwerten wenig überzeugend, da de minimis- und zeitliche Grenzen nun einmal gezogen werden müssen. Auch die bei Erlass des WpÜG gegen die zweite Kontrollschwelle vorgebrachten Argumente, die Regelung werde zu kompliziert und stelle die bewußt typisierende Kontrollschwelle in Frage, greifen nicht. Ersteres wird durch die ausländischen Erfahrungen ohne weiteres widerlegt, letzteres ist tautologisch. Wichtig ist allerdings, sich vor Augen zu halten, dass die für das Pflichtangebot geltenden Ausnahmen natürlich auch für ein Pflichtangebot zu gelten hätten, das auf Grund eines creeping in zu machen wäre, wie das

---

187 Befürwortend z. B. Merkt, Festschrift für Schwark (Fn. 114), S. 529 (545).

188 Von Bülow (Fn. 13), S. 9 (38 ff.) und im Anschluss an ihn die überwiegende Meinung in der Diskussion (Fn. 153), S. 73. Zu der alternativen Lösung, im Anschluß an die britische Regelung keine Zukäufe zu erlauben, mit denen die 30 %-Schwelle überschritten, aber die Schwelle von 50 % nicht erreicht wird, oben III 2 c Fn. 177.

189 Oben I 1 a.

190 Oben III 1 b (4), (5).

191 Auflistung bei Kalss (Fn. 174) unter IV.4.

auch im Ausland, z.B. Österreich,[192] praktiziert wird. Angesichts der großen Zahl solcher Befreiungen gerade auch in Deutschland[193] wäre der Einzug der zweiten Kontrollschwelle weit weniger gravierend, als es auf den ersten Blick aussieht.

Erwägenswert ist aber auch die Alternative einer übernahmerechtlichen Transparenz- und Publizitätslösung,[194] mit der dem Bieter nur entsprechende Offenlegungspflichten wie nach § 27 a WpHG auferlegt werden, was bei sukzessivem Beteiligungsaufbau im Einzelfall zu einer kontinuierlichen Kursanpassung führen kann,[195] allerdings je nach Kapitalmarkteffizienz im Einzelfall nicht führen muss, sondern hinter dem Minderheitenschutz durch Pflichtangebot zurückbleibt. Dazu meint der Finanzausschuss des Deutschen Bundestags vom 10.2. 2011, es sollten „Möglichkeiten zur Ausweitung der Pflicht zur Abgabe eines Angebots auf denjenigen, der über eine Kontrollmehrheit zwischen 30 und 50 % verfügt, gemeinsam mit der Evaluierung der entsprechenden EU-Vorgaben ausgelotet werden".[196]

Selbst wenn sich dabei eine Entscheidung für eine zweite Kontrollschwelle ergeben sollte, wäre zunächst die Revision der Übernahmerichtlinie abzuwarten. Die Kommission erwägt, wie eingangs berichtet, gegen das low balling einzuschreiten, dies allerdings (nur?) im Wege der bilateralen Diskussion mit den betroffenen Mitgliedstaaten oder durch Empfehlungen.[197] Dass sie sich für das Einziehen einer zweiten Kontrollschwelle in Art. 5 der Richtlinie im Anschluss an die oben genannten Mitgliedsstaatsregelungen entschließen wird, ist danach eher unwahrscheinlich. Wenn das feststeht, ist es an dem deutschen Gesetzgeber, sich für eine der beiden Lösungen zu entscheiden, sofern er das bei der geplanten Vollharmonisierung durch die reformierte Transparenzrichtlinie[198] rechtlich überhaupt noch kann. Denn in diesem Falle könnten Mit-

[192] Diregger/Kalss/Winner (Fn. 137), Rn. 223.

[193] Unten III 2 f. und V 3 a.

[194] Allgemein Veil in Veil, Europäisches Kapitalmarktrecht, Hrsg., 2011, § 16 Beteiligungstransparenz, § 19 Übernahmerechtliche Publizität.

[195] Tyrolt/Cascante (Fn. 171), S. 110 (142 f.).

[196] Bericht des Finanzausschusses, BT-Drucksache 17/4739, S. 14; Expertenumfrage (Fn. 89), ZIP 2012, 1, 3.

[197] Oben I 3 b.

[198] Europäische Kommission, Vorschlag für eine Richtlinie des Europäischen Parlaments und des Rates zur Änderung der Richtlinie 2004/109/EG zur Harmonisierung der Transparenzanforderungen ..., 25. 10. 2011, KOM(2011), 683 endg. Dazu

gliedstaaten nicht selbständig weitere Meldeschwellen zwischen 25 und 50 % einführen. Anders wäre es nur, wenn bei der Reform der Transparenzrichtlinie oder der Übernahmerichtlinie eine Ausnahmeregelung für das Übernahmerecht aufgenommen würde.

d) Anschleichen und Kontrollausübung auf Grund eines Stimmbindungsvertrags

Des weiteren fragt man sich, ob es noch zeitgemäß ist, das Pflichtangebot allein vom Erwerb von Aktien mit der damit verbundenen Stimmrechtsmacht durch den Bieter abhängig zu machen. Die tatsächliche Kontrolle kann auch auf andere Weise erlangt werden. Indessen soll hier nicht auf Kontrollerwerb durch *Anschleichen*[199] eingegangen werden, wozu seit 1.2. 2012 in Deutschland § 25a WpHG gilt;[200] denn dabei handelt es sich um eine eigene, hoch kontroverse und vielschichtige Problematik, die weit über das Pflichtangebot hinaus in das allgemeine Kapitalmarktrecht und seine Offenlegungspflichten reicht. Dazu gehört auch die Frage der Zurechnung von Aktienpaketen, die sich das an der wirtschaftlichen Kontrolle interessierte Unternehmen durch andere Gestaltungen sichert, etwa indem es Aktien, die bei direktem Erwerb zur Überschreitung der entsprechenden Schwelle führen würden, von einer Bank erwerben läßt, aber mit der Vereinbarung, dass das Unternehmen keinen Einfluss auf die Stimrechte aus diesen Aktien nehmen kann (*staggered settlement*)[201] oder dadurch, dass Derivative erworben werden.

Transparency Directive Assessment Report von Mazars, dort zum acting in concert p. 108 et s., abrufbar unter http://ec.europa.eu/internal_market/securities/docs/transparency/report-application_en.pdf. Überblick über den Vorschlag bei Veil, WM 2012, 53; Seibt/Wollenschläger, AG 2012, 305.

199 Fleischer/Schmolke, NZG 2009, 401; Krause, Stakebuilding im Kapitalmarkt- und Übernahmerecht, in: Kaemmerer/Veil (Fn. 9) unter II.2; Seibt/Wollenschläger, AG 2012, 305 (311 f.). Für mehr Transparenz noch über die Änderungen durch das Anlegerschutz- und Funktionsverbesserungsgesetz 2012 hinaus hat sich eine knappe Mehrheit (53 %) bei der oben erwähnten Befragung ausgesprochen, Survey Report (Fn. 89) at 42; Expertenumfrage (Fn. 89), ZIP 2012, 1 (11).

200 AnsFuG 5.4. 2011, BGBl I 2011, 538. Dazu Merkner/Sustmann, NZG 2010, 681 (683 ff.); dies., NZG 2012, 241 ff. zur ersten Praxis der BaFin; Teichmann, WM 2012, 1213; sehr kritisch Krause (Fn. 199).

201 Seibt, CFL 2011, 213 (229) unter Hinweis auf den Fall Schaeffler/Continental, wo die Privatbanken Metzler und Sal. Oppenheim derart eingeschaltet wurden, dass Schaeffler nie 50 % oder mehr der Aktien an der Continental AG erwarb, was von der BaFin gebilligt wurde.

Regelungen zur Einbeziehung der letzteren gibt es im Vereinigten Königreich, in Italien, Spanien[202] und nach der oben erwähnten jüngsten Reform auch in Deutschland. Vor allem aber liegt dazu der Vorschlag einer Änderung der Transparenzrichtlinie auf dem Tisch, der eine wesentliche Erweiterung der Mitteilungspflichten für Finanzinstrumente vorsieht (Art. 13) und im Wesentlichen eine Vollharmonisierung bringt (Art. 3 Abs. 1 Unterabsatz 2).[203]

Zu erinnern ist allerdings auch an die bereits erwähnte Alternative, bereits beim Pflichtangebot nach Art. 5 anzusetzen und dort nicht den Erwerb von Wertpapieren zu fordern, sondern wie nach Rule 9 des City Code „an interest in shares" genügen zu lassen oder wie in der Schweiz eine Auffang- bzw. Mißbrauchsregelung zu normieren.[204] Doch ist der Diskussionsprozess in vollen Gange und hier nicht aufzugreifen.[205] Erwähnt werden sollte auch die Reformanregung, dem Erwerb der Kontrolle durch Erwerb von Aktien die Ermöglichung der *Kontrollausübung auf Grund eines Stimmbindungsvertrags* gleichzustellen.[206] Dafür spricht, dass für die Minderheitsaktionäre die Kontrolle des Mehrheitsaktionärs, nicht die Art und Weise, wie er sie erlangt, ausschlaggebend ist. Jedoch gibt es die unterschiedlichsten Fälle von Kontrolle, namentlich die Kontrolle aufgrund wirtschaftlicher Abhängigkeit, die hier und in anderen rechtlichen Zusammenhängen, etwa dem Konzernrecht, wegen ihrer Vielfältigkeit, der mit ihrer Feststellung verbundenen Rechtsunsicherheit und ihrer raschen Veränderlichkeit dem Kontrollerwerb durch Aktienerwerb zu Recht nicht gleichgestellt werden.[207] Hinzu

---

[202] External Study (Fn. 4), p. 38.

[203] Oben III 2 c am Ende (Fn. 198).

[204] Für das Vereinigte Königreich Clarke (Fn. 94), (2011) EBLR 517. Für die Schweiz Emmenegger, Creeping Takeovers in Deutschland und in der Schweiz, in: Festschrift für Hopt (Fn. 98), Bd. 2, S. 1763 (1775 ff.): „alle anderen Vorgänge, die im Ergebnis das Stimmrecht über die Beteiligungspapiere vermitteln können, ausgenommen die Erteilung von Vollmachten ausschliesslich zur Vertretung an einer Generalversammlung", Art. 9 Abs. 3 lit. d BEHV-FINMA. Allgemeiner Ferrarini, Equity Derivatives and Transparency: When Should Substance Prevail?, Festschrift für Hopt (Fn. 98), Bd. 2, S. 1803.

[205] Zum Vorschlag der Kommission Deutscher Anwaltsverein, Handelsrechtsausschuss, Stellungnahme, NZG 2012, 770; Brinckmann, BB 2012, 1370; Seibt/Wollenschläger, AG 2012, 305.

[206] Zum Folgenden schon oben Fn. 139 und die kontroverse Diskussion in Mülbert u. a. (Fn. 13), S. 74.

[207] Dazu von KöKoWpÜG/von Bülow (Fn. 18), § 29 Rn. 77 ff.

kommt, dass bei Stimmrechtsbindungsverträgen anders als beim Erwerb von Aktien keine Kontrollprämie bezahlt wird, selbst wenn im einzelnen Vergütungen möglich sind. Eine Ungleichbehandlung der Minderheitsaktionäre, wie sie das Pflichtangebot verhindern will, ist deshalb so nicht gegeben. Rechtspolitisch besteht somit kein zwingender Anlass für ein Pflichtangebot, weder durch nationales Recht noch erst recht durch Vorgabe im Rahmen der Revision der Übernahmerichtlinie.

e) Beratung, Finanzierung, Bankgarantie

Zusätzliche Absicherungen des Pflichtangebots, etwa durch Vorschriften über die zwingende Einschaltung eines unabhängigen Beraters auf der Seite des Bieters wie z. B. in der Schweiz,[208] die Finanzierung des Angebots (§ 13 WpÜG) oder über die Stellung einer Bankgarantie durch ein Finanzinstitut wie im französischen Recht[209] werden unter der Mindestharmonisierung bisher nicht erfasst, was rechtspolitisch allerdings auch anders gesehen werden könnte.

f) Ausnahmen vom Pflichtangebot (Reformüberlegung der Kommission)

Dagegen hat schon der Zwischenbericht der Kommission vom 21.2. 2007 moniert, dass die Mitgliedstaaten zahlreiche Ausnahmen vom Pflichtangebot vorgesehen haben.[210] Die Kommission hat das in ihrem Anwendungsbericht als zweiten Problemkreis erneut aufgegriffen und will dazu zunächst weitere Untersuchungen anstellen, dann aber eventuell die nötigen Maßnahmen ergreifen, nicht notwendigerweise mittels einer weiteren Harmonisierung, aber z. B. im Wege von Vertragsverletzungsverfahren.[211] Diese Ausnahmen sind teils gesetzlich in den nationalen Übernahmerechten vorgesehen, teils ergeben sie sich auf Grund einer Ermächtigung an die Aufsichtsbehörden; in manchen Mitglied-

---

[208] Prüfung des Angebots durch eine unabhängige Prüfstelle, Art. 26 ff. Übernahmeverordnung (UEV); Gericke/Wiedmer, Kommentar Übernahmeverordnung (UEV), Zürich 2011, Art. 26 ff. Nach US-amerikanischer Praxis werden häufig fairness opinions eingeholt, unten III 2 g, IV 1 c (5).

[209] Art 231-13, I du Règlement Général: Présentation d'un projet d'offre par un prestataire de service d'investissement; Viandier (Fn. 136), no. 1072 et s.

[210] Commission Staff Working Document (Fn. 60), p. 10 und im einzelnen ausführlich in Annex 3.

[211] Oben I 3 b.

staaten können auch die Aktionäre in einer whitewash procedure[212] eine Ausnahme beschließen, so im Vereinigten Königreich und in Irland, den Niederlanden und Spanien.[213] Für ersteres, also gesetzliche Ausnahmen, können sich die Mitgliedstaaten auf Art. 5 Abs. 3 der Richtlinie berufen, wonach die Festsetzung der Kontrollschwelle ihnen überlassen bleibt. Die zweite Möglichkeit folgt hinsichtlich der Preisgestaltung aus Abs. 5 Abs. 4.[214] Zu erwähnen ist auch die allgemeinere Vorschrift des Art. 4 Abs. 5, wonach die Mitgliedstaaten Ausnahmen zulassen bzw. ihre Aufsichtsstellen zu solchen Ausnahmen ermächtigen können. Mittlerweile hat die von der Kommission in Auftrag gegebene Studie[215] zahlreiche solche Ausnahmen ermittelt. Unter den gesetzlich vorgesehenen Ausnahmen finden sich außer rein technischen[216] einerseits solche zum Schutz des Bieters bzw. des Kontrollaktionärs oder der Zielgesellschaft, andererseits Ausnahmen zum Schutz der Gläubiger (Forderungssicherung) und andererer Betroffener. Bei der ersteren Ausnahme kann es sich um Fälle handeln, in denen materiell kein Kontrollwechsel stattfindet, z. B. nur versehentliche Überschreitung der Kontrollschwelle, Erbschaft, Vor-

[212] Zum whitewash im Vereinigten Königreich ausführlich City Code, Appendix 1 (Whitewash Guidance Note), dazu kurz Zinser, RIW 2001, 481 (484f.). In Deutschland wäre ein solcher Beschluss nach § 241 Nr. 3 AktG nichtig, doch käme eine Empfehlung der Hauptversammlung in einem Befreiungsverfahren nach § 37 WpÜG in Betracht. Dazu, zu den möglichen Gestaltungen und der rechtspolitischen Beurteilung solcher whitewash procedures durch die Hauptversammlung Merkt, Festschrift für Schwark (Fn. 114), S. 529 (539ff.).

[213] External Study (Fn. 4), p. 140 et s., summary table at p. 152 no. 2. So auch in den meisten großen Nicht-EU-Mitgliedstaaten, namentlich bei Kapitalerhöhungen, in Sanierungssituationen und bei Erlangung der Kontrolle, ebenda p. 41. Zum allgemeinen Gleichbehandlungsgrundsatz aber unten Fn. 214.

[214] Vgl. EFTA Court, Case E-1/10 (Periscopus), 10. 12. 2010, Krause ECFR 2011, 70. Art. 5 Abs. 4 macht aber ebenso Art. 4 Abs. 5 die Einschränkung, dass die allgemeinen Grundsätze nach Art. 3 Abs. 1 eingehalten werden müssen, also auch der Gleichbehandlungsgrundsatz nach Art. 3 Abs. 1 lit. a. Eine Ausnahme scheidet also europarechtlich wohl immer dann aus, wenn ein aussteigender Aktionär anlässlich des Überschreitens der Kontrollschwelle maßgebliche Leistungen erhalten hat, was in Österreich insbesondere für die Auslegung der Sanierungsausnahme wichtig ist, Winner, Wien, 5. 1. 2013.

[215] External Study (Fn. 4), summary table at p. 152 et s.

[216] Etwa für offene gemeinsame Investmentanlagen, die den Anwendungsbereich der Pflichtangebotsregelung nicht beschränken, Anwendungsbericht der Kommission (Fn. 3) 3 Nr. 17.

handensein eines größeren Aktionärs[217] oder konzerninterne[218] Umstrukturierungen, geringfügige Überschreitung oder wie in Italien Finanzderivative. Bei der letzteren sind es Fälle wie Sanierungsübernahmen, Verschmelzung und andere Unternehmensverträge (etwa die britischen schemes of arrangements),[219] Übernahmen durch Stiftungen und Ausnahmen zum Schutz besonderer staatlicher Interessen, so bei Kontrollerlangung infolge des Verkaufs von Wertpapieren durch den Staat. In diesen Zusammenhang gehört auch die Frage, ob es zulässig ist, ausländische Aktionäre, etwa solche aus den USA, vom Pflichtangebot auszuschließen, was von den meisten Mitgliedstaaten zugelassen wird, in Deutschland nach § 24 WpÜG. Das kann zwar wegen der möglicherweise sehr hohen Kosten für den Bieter wirtschaftlich Sinn machen, ist jedoch rechtlich problematisch, weil die Richtlinie keinen solche Ausnahmetatbestand kennt und nur auf Art. 4 Abs. 5 der Richtlinie rekurriert werden kann.[220]

Diese Ausnahmetatbestände und Befreiungsverfahren spielen eine besondere, umfang- und zahlenmäßig herausragende Rolle in der übernahmerechtlichen Aufsichtspraxis.[221] Für Deutschland wird berichtet, dass zwischen 2002 und 2007 85 Pflichtangebote 433 stattgegebenen Befreiungsanträgen gegenüberstanden, wobei die BaFin nur 4 % aller Befreiungsanträge abgelehnt hat.[222] Die Ausnahmen sind deshalb für die Erreichung der Ziele der Richtlinie von erheblicher Bedeutung. Rechtspoli-

---

[217] So z.B. § 9 Satz 2 Nr. 1 WpÜG-AV; rechtsvergleichend External Study (Fn. 4), p. 143.

[218] Auch solche innerhalb der „gemeinsam handelnden" Gruppe, also unter denen, die als acting in concert behandelt werden; Anwendungsbericht der Kommission (Fn. 3) 3 Nr. 17.

[219] Die schemes of arrangement kommen vor allem im Vereinigten Königreich und Irland sowie in anderen ehemaligen Commonwealth-Ländern vor. Der Takeover Code ist grundsätzlich anwendbar vorbehaltlich der Ausnahmen in Appendix 7. Auch External Study (Fn. 4), p. 172 et s. Auch Bork, The Scheme of Arrangement, International Insolvency Law Review (IILR) 4/2012, 477.

[220] von Hein, ZGR 2005, 528 (560ff.); KöKoWpÜG/Versteegen (Fn. 18), § 24 Rn. 4. Kurz auch External Study (Fn. 4), p. 98: exclusionary bids. Zur Fortentwicklung der Praxis bezüglich solcher Ausschlüsse unten IV 2 b Fn. 469 (Klepsch, BaFin).

[221] External Study (Fn. 4), p. 122, 139–155 mit metikulösen Aufzählungen und Kategorisierungen der über 35 verschiedenen Ausnahmen. Zur Statistik für Deutschland mit Tabelle Seibt, CFL 2011, 213 (233); von Bülow (Fn. 13), S. 20f. zum Handelsbestand (§ 20 WpÜG), zur Nichtberücksichtigung von Stimmrechten (§ 36 WpÜG) und zur Sanierungsbefreiung, sogleich unten Fn. 227.

[222] Merkt, Festschrift für Schwark (Fn. 114), S. 529 (536, 357).

tisch läßt sich zu den gesetzlich vorgesehenen Ausnahmen[223] festhalten, dass unproblematisch sicher diejenigen sind, in denen materiell kein[224] oder nur ein vorübergehender, platzierungsbedingter[225] Kontrollwechsel stattfindet, einschließlich der bloß konzerninternen Umstrukturierungen,[226] wie das auch in §§ 36, 37 WpÜG i. V. m. § 9 WpÜG-AngebotsVO zum Ausdruck kommt. Auch die Sanierungsübernahmen[227] wird man privilegieren können,[228] obschon die Erfahrungen mit Ausnahmen zugunsten von Sanierungen, etwa Sanierungsfusionen im Kartell- und Fusionskontrollrecht, nicht sonderlich ermutigend sind. Die BaFin verfährt dazu deshalb zu Recht restriktiv.[229] Viele der anderen Ausnahmen durchlöchern aber den Minderheiten- und Funktionenschutz, der mit dem Pflichtangebot gewollt ist. Es wäre deshalb sachgerecht, wenn die Kommission hier nicht nur bilateral mit einzelnen Mitgliedstaaten die eine oder andere offenkundig vertragswidrige Ausnahmeregelung oder -praxis abstellen würde, sondern eine EU-weite Vereinheitlichung der Ausnahmen anstreben würde. Bei der oben erwähnten Umfrage hat sich eine Mehrheit von 54,5 % für die Beibehaltung der in Deutschland derzeit geltenen Regelungen ausgesprochen, allerdings ohne dass in der Frage genau zwischen gesetzlich fixierten Ausnahmetatbeständen und einer bloßen Erweiterung des behördlichen Ermessens unterschieden worden wäre und vor allem ohne eine spezielle Frage nach einer europäischen Regelung.[230] Es ist daher durchaus denkbar, dass dazu unterschiedliche Antworten gegeben worden wären.

---

[223] Zu den behördlichen unten V 3 a.

[224] § 9 Satz 2 Nr. 2 WpÜG-AV mit Rückgriff auf die Präsenz in den letzten drei ordentlichen Hauptversammlungen.

[225] § 37 Abs. Satz Alt. 2 WpÜG: „mit der Erlangung der Kontrolle beabsichtigte Zielsetzung“; Strunk/Salomon/Holst, Aktuelle Entwicklungen im Übernahmerecht, in: Veil (Fn. 27), S. 1 (25 ff.); zur Aktienübernahme durch Emissionsbanken bei Platzierungen und Geenshoe-Sachverhalten Seibt, CFL 2011, 213 (234).

[226] Von Bülow/Bücker, Der Konzern 2003, 185. Zur Praxis der BaFin unter § 36 Nr. 3 WpÜG, die bei ihrer Freistellungsprüfung den konzernrechtlichen Konzernbegriff der § 15 ff. AktG zugrundelegt, Strunk/Salomon/Holst (Fn. 225), S. 1 (23 f.); Seibt, CFL 2011, 213 (233 f.).

[227] § 9 Abs. 1 Nr. 3 WpÜG-AngebotsVO.

[228] Survey Report (Fn. 89), p. 28; Expertenumfrage (Fn. 89), ZIP 2012, 1 (8).

[229] Zur Sanierungsbefreiung in der Praxis der BaFin Strunk/Salomon/Holst (Fn. 225), S. 35 ff.; Seibt, CFL 2011, 213 (235 f.), dieser auch zur Sanierung mit Doppel-Treuhandstrukturen.

[230] Zum letzteren unten V 2 a, 3 a.

g) Preisbemessung

Zur Preisbemessung beim Pflichtangebot enthält die Richtlinie in Art. 5 Abs. 4 zwei Vorgaben: Der angemessene Preis ist der höchste Preis, den der Bieter (oder eine mit ihm gemeinsam handelnde Person) in einem von der Mitgliedstaaten festzulegenden Zeitraum von mindestens sechs und höchstens 12 Monaten vor dem Angebot für die gleichen Wertpapiere gezahlt hat. Der Preis darf nicht unter dem Preis liegen, den der Bieter für Vorerwerbe nach Bekanntmachung des Angebots und vor Ablauf der Annahmefrist gezahlt hat. Davon können die Aufsichtsstellen unter engen Voraussetzungen und nur nach bestimmten Kriterien abweichen (Mitgliedsstaatenoption). Ein Optionsrecht besteht auch nach Art. 5 Abs. 5 im Zusammenhang mit der Art der Gegenleistung (Wertpapiere, Geld oder Kombination von beidem). Beide Optionen waren im Vorfeld der Richtlinie sehr kontrovers und sind eine reine Kompromisslösung.

Infolge dieser Optionen sind die Regelungen zur Preisbemessung und insbesondere auch zur späteren Preisanpassung in den Mitgliedstaaten sehr unterschiedlich und stellen ein Paradebeispiel für das sogenannte gold-plating dar.[231] Die Diskussion, ob diese Regelungen sachgerecht sind bzw. zu welchen praktischen Problemen sie führen, wird, etwa in Deutschland, lebhaft geführt. So ist die deutsche Differenzierung zwischen einer Sechsmonatsfrist für die Berücksichtigung von Vorerwerben und einer Dreimonatsfrist für die Berücksichtigung inländischer Börsenkurse (§§ 4, 5 WpÜG-AV) sinnvoll, aber international nicht selbstverständlich.[232] Streitfragen sind beispielsweise, ob die Anknüpfung an den historischen Börsenpreis richtig ist, denn dies gibt Anlass zu Vermeidungsstrategien;[233] ob die Berücksichtigung der Vor-, Parallel- und Nacherwerbe auch aller mit dem Bieter gemeinsam handelnden Personen und deren Tochterunternehmen nicht zu weit führt;[234] was die durch-

---

[231] Oben Fn. 2.

[232] External Study (Fn. 4), p. 158.

[233] von Bülow (Fn. 13), S. 36 ff. und Diskussion, ebenda, S. 73. Aber der Börsenpreis ist immerhin eine, wenn auch nicht immer zutreffende Marktbewertung. Auch anders geartetete Wertermittlungen, etwas nach den IDW-Grundsätzen (IDW Standard: Grundsätze zur Durchführung von Unternehmensbewertungen IDW S 1 idF 2008, kritisch Puszkajler ZIP 2010, 2279), haben ihre Probleme. In letzter Konsequenz wäre sonst die BaFin aufgerufen, den Preis zu überprüfen, was der Gesetzgeber aber nicht vorgesehen hat und die BaFin auch nicht will.

[234] Tyrolt/Cascante (Fn. 171), S. 126.

schnittlichen prozentualen Erhöhungen des ursprünglicheen Angebotspreises durch den Bieter (bid jumps, etwa 10 %) bedeuten[235] und vieles andere mehr.[236] Die deutsche Regelung des § 31 Abs. 5 WpÜG, wonach auch außerbörsliche Erwerbe des Bieters innerhalb eines Jahres nach der Veröffentlichung der Angebotsunterlage für die Gegenleistung relevant werden können, ist im Ausland nur vereinzelt bekannt, etwa in Belgien und in der Schweiz. Dagegen findet sich die Regelung des § 3 Satz 3 WpÜG-AngebotsVO, wonach für Aktien, die nicht derselben Gattung angehören,[237] die Gegenleistung getrennt zu berechnen ist, ähnlich in den meisten anderen Mitgliedstaaten.[238] In anderen Mitgliedstaaten sind etwa Regeln über die Einschaltung eines unabhängigen Experten bzw. die Einholung einer *fairness opinion* vorgesehen, so in Frankreich[239] und in Belgien, oder es wird immer, also nicht nur wie unter Art. 5 Abs. 5 Unterabsatz 2 der Richtlinie, eine Barkomponente verlangt, so in Belgien und Finnland.[240] Wieder andere Regelungen waren bis 2013 etwa aus der Schweiz bekannt, etwa dass der Preis des Angebots mindestens dem Durchschnittbörsenpreis der zurückliegenden 60 Tage entsprechen muss und nicht derselbe sein muss, den der Anbieter in den letzten zwölf Monaten für Beteiligungspapiere der Zielgesellschaft bezahlt hat, sondern bis zu 25 % unter diesem liegen darf; ein unabhängiger Experte wird in die Bewertung eingeschaltet, wenn der Markt nicht liquide ist. Damit

[235] Seibt, CFL 2011, 213 (217).

[236] Ebenda, S. 224 ff. Zu Preisklauseln und -bemessungsfragen Gei/Kiesewetter, AG 2012, 741; zur Finanzierung Mayer-Uellner, AG 2012, 399. Zum Tauschangebot Herfs/Wyen, Aktien statt Cash – Offene Fragen beim Tauschangebot unter dem WpÜG, Festschrift für Hopt (Fn. 98), Bd. 2, S. 1955.

[237] Art. 3 Abs. 1 lit. a der Richtlinie sieht ausdrücklich vor, dass alle Inhaber von Wertpapieren einer Zielgesellschaft, „die der gleichen Gattung angehören", gleich zu behandeln sind.

[238] External Study (Fn. 4), p. 99: „post-bid top-up clause", „class struggle", zu letzteren rechtsvergleichend auch p. 110. Um zu große Ungleichheiten zu verhindern, werden in Österreich marktübliche Abschläge herangezogen; die Gegenleistung für Vorzüge darf dann z. B. nicht um mehr als 20% (wenn sich solche Abschläge feststellen lassen) unter der tatsächlich für die Stammaktien gezahlten Gegenleistung liegen, auch wenn kein Trade in den Vorzügen stattgefunden hat, Winner, Wien, 5. 1. 2013.

[239] Giuliani, La réforme des offres publiques d'acquisition, Revue de Droit Bancaire et Financier 2006, 55 (58 et s.).

[240] External Study (Fn. 4), p. 96, 156 et s. Fairness opinions sind auch in der US-amerikanischen Praxis häufig, ebenda, p. 113.

waren dort Abzüge für Paketzuschläge zulässig.[241] Zu dieser die Bezahlung einer Kontrollprämie ermöglichenden Regelung ist eine Revision durch die Schweizerische Übernahmekommission in Gang gebracht worden, die am Börsenkurs festhalten, aber die Kontrollprämie abschaffen oder sie jedenfalls beschränken soll.[242] Hinzu kommt die unterschiedliche Handhabung von Preisanpassungen durch die Aufsichtsstelle, eine Option nach Art. 5 Abs. 4, von der die meisten Mitgliedstaaten unterschiedlich Gebrauch gemacht haben.[243] Aus der internationalen Unternehmenspraxis ist zu hören, dass bei grenzüberschreitenden Übernahmen die Bewertung, für die in den verschiedenen Mitgliedstaaten unterschiedliche Regeln bestehen, Schwierigkeiten aufwirft.

Die oben erwähnte Umfrage hat ergeben, dass eine deutliche Mehrheit (knapp 90 %) die Berücksichtigung vergangener Börsenkurse für richtig hält, und zwar für eine zeitliche Periode von drei Monaten (48 %), nicht wie überwiegend in der Wissenschaft befürwortet, von sechs Monaten.[244] Wichtig erscheint zwar, dass bei der Bestimmung eine gewisse Flexiblität besteht, aber inwieweit die Aufsichtsbehörde dazu ein gebundenes oder freies Ermessen haben sollte, ist strittig.[245] All das spricht dafür, diese zahlreichen Fragen bei der Preisbemessung den Mitgliedstaaten zu überlassen, die im Zusammenwirken mit der Aufsicht jedenfalls in Deutschland im großen und ganzen praktikable Lösungen gefunden haben,[246] und dagegen, hier bei der Revision der Richtlinie nachzubessern.[247] Annäherungen bei der Bewertung wären zwar wünschenswert,

---

[241] Art. 32 Abs. 4 BEHG, Art. 40 Abs. 2 BEHV-FINMA, Hofstetter/Schilter-Heuberger in Watter/Vogt (Fn. 157), Art. 32 BEHG, Rn. 110 ff., 112; zum Paketzuschlag ebenda, Rn. 149. Zur Best Price Rule für Erwerbe bis sechs Monate nach Ablauf der Nachfrist Art. 10 UEV vom 21. 8. 2008, Gericke/Wiedmer (Fn. 208), Art. 10; Schenker (Fn. 157), S. 267 ff.

[242] Schweizerische Übernahmekommission, Kontrollprämie, Schreiben an das Eidgenössische Finanzdepartement, Zürich, 21. 1. 2011, mit ausführlichen Daten und verschiedenen Reformmöglichkeiten. Jetzt Änderung des Art. 32 Abs. 4 und 7 BEGH vom 28. 9. 2012 voraussichtlich zum 1. 4. 2013.

[243] External Study (Fn. 4), p. 159 et s., 180.

[244] Expertenumfrage (Fn. 89), ZIP 2012, 1 (8) mit dem Hinweis, dass Unklarheit zur Länge der Vorerwerbszeitperiode (sechs Monate wie nach § 31 Abs. 1 WpÜG, § 4 WpÜG-AngVO oder 12 Monate wie nach Rule 9.5 des Takeover Code) bestanden.

[245] Unten V 3 a.

[246] So die Einschätzung von Tyrolt/Cascante (Fn. 171), S. 145.

[247] Anders J. Winter, Conference of International Takeover Regulations, Vienna, 9. 9. 2011.

sind aber kein für die Übernahmeangebote spezifisches Problem und müssten in einem allgemeineren Kontext versucht werden.

3. Das Pflichtangebot übergreifende Reformüberlegungen

a) Acting in concert (Reformüberlegung der Kommission)

Nach der Begriffsbestimmung in Art. 2 Abs. 1 lit. d der Übernahmerichtlinie sind „*gemeinsam handelnde Personen*" „natürliche oder juristische Personen, die mit dem Bieter oder der Zielgesellschaft auf der Grundlage einer ausdrücklichen oder stillschweigenden, mündlich oder schriftlich getroffenen Vereinbarung zusammenarbeiten, um die Kontrolle über die Zielgesellschaft zu erhalten bzw. den Erfolg des Übernahmeangebots zu vereiteln". Diese auf den ersten Blick harmlose Definition hat weitreichende Konsequenzen. Denn sie führt beim Pflichtangebot dazu, dass für die Frage, ob die Bietergesellschaft die Kontrollschwelle erreicht, dieser außer ihrem eigenen Aktienerwerb auch der Erwerb „durch gemeinsam mit ihr handelnde Personen" zugerechnet wird (*acting in concert*).[248] Eine ähnliche Vorschrift mit einer abweichenden Definition gibt es bei den Meldepflichten nach Art. 10(a) der Transparenzrichtlinie vom 15. 12. 2004[249]. Der Begriff wird auch in der Beteiligungs-Richtlinie im Finanzsektor vom 5. 9. 2007 gebraucht und in den Level 3-Leitlinien zur Beteiligungsrichtlinie konkretisiert.[250]

---

[248] Psaroudakis, Acting in concert in börsennotierten Gesellschaften. Eine rechtsvergleichende Untersuchung im US-amerikanischen und europäischen Kapitalmarktrecht einschließlich rechtsökonomischer, kartell- und beweisrechtliche Aspekte, Köln 2009; ders. (Fn. 139), ECFR 2010, 550.

[249] Richtlinie 2004/109/EG des Europäischen Parlaments und des Rates vom 15. 12. 2004 zur Harmonisierung der Transparenzanforderungen in Bezug auf Informationen über Emittenten, deren Wertpapiere zum Handel auf einem geregelten Markt zugelassen sind ..., ABlEG L 390/38 vom 31. 12. 2004. Die Definition in Art. 10(a) lautet: „Stimmrechte, die von einem Dritten gehalten werden, mit dem diese natürliche oder juristische Person eine Vereinbarung getroffen hat, die beide verpflichtet, langfristig eine gemeinsame Politik bezüglich der Geschäftsführung des betreffenden Emittenten zu verfolgen, indem sie die von ihnen gehaltenen Stimmrechte einvernehmlich ausüben". Der Vorschlag der Kommission für eine Modernisierung der Transparenzrichtlinie vom 25. 10. 2011 (oben III 2 c am Ende, Fn. 198) lässt Art. 10(a) unverändert; zur Behandlung dieser Frage in dem Vorschlag Seibt/Wollenschläger, AG 2012, 305 (310f.).

[250] Richtlinie 2007/44/EG des Europäischen Parlaments und des Rates vom 5. 9. 2007 zur Änderung der Richtlinie 92/49/EWG des Rates sowie der Richtlinien

Die Umsetzung in den Mitgliedstaaten ist höchst unterschiedlich, sowohl im Tatbestand des acting in concert als auch hinsichtlich der Beweislast und der Vermutungsregeln sowie in den Rechtsfolgen.[251] Einige Mitgliedstaaten halten sich eng an die Definition der Richtlinie, so z.B. das Vereinigte Königreich, Österreich, Italien, die Niederlande und Dänemark. Andere haben in ihre Definition Elemente aus der Transparenzrichtlinie aufgenommen, so z.B. Deutschland, Frankreich, Belgien, Spanien und Schweden. Deutschland verwendet dieselben Definitionen für die Übernahmeangebote und die Meldepflichten (§ 30 Abs. 2 Satz 2WpÜG und § 22 Abs. 2 Satz 2 WpHG). Die Probleme, die diese Definitionen aufwerfen, sind aus der hoch kontroversen deutschen Diskussion zur Neufassung von § 30 Abs. 2 WpÜG 2008[252] nach dem WMF-Urteil des Bundesgerichtshofes[253] zur Genüge bekannt,[254] und ein Blick in die Kommentierungen dieser Bestimmung zeigt die Fülle der damit verbundenen Streitfragen.[255] Auch in anderen Ländern, z.B. Belgien mit einer Neufassung 2007 und Frankreich mit einer Neufassung 2010,[256] gibt es

---

2002/83/EG, 2004/39/EG, 2005/68/EG und 2006/48/EG in Bezug auf Verfahrensregeln und Bewertungskriterien für die aufsichtsrechtliche Beurteilung der Erwerbs und der Erhöhung von Beteiligungen im Finanzsektor, ABlEU L 247/1 vom 21. 9 2007. Die Konkretisierung lautet: von „persons acting in concert" ist auszugehen, wenn „each of them decides to exercise his rights linked to the shares he acquires in accordance with an explicit or implicit agreement made between them".

[251] Zu den beiden ersteren Anwendungsbericht der Kommission (Fn. 3) 3 No. 16; External Study (Fn. 4), p. 132ff. Zu den Unterschieden in den Rechtsfolgen Winner (Fn. 258), der diese Unterschiede für noch viel größer hält.

[252] Art. 2 Ziff. 1 des Risikobegrenzungsgesetzes vom 12. 8. 2008, BGBl I 2008 S. 1666.

[253] BGH II ZR 137/05 vom 18. 9. 2006, BGHZ 169, 98.

[254] Statt vieler Fleischer, ZGR 2008, 185 (196ff.); von Bülow/Stephanblome, ZIP 2008, 1797; U.H. Schneider/Brouwer, AG 2008, 557; von Bülow, Acting in concert: Anwendungsprobleme des neuen Zurechnungstatbestands, in Veil (Fn. 27), S. 137.

[255] Z.B. KöKoWpÜG/von Bülow (Fn. 18) § 30 Rn. 203–300; auch von Bülow, Angebotspflicht auf Grund Acting in Concert bei Aufsichtsratswahlen?, Festschrift für U.H. Schneider, Köln 2011, S. 141 (146).

[256] Für Belgien Dieux, Legein, Questions relatives à la notion de concert en droit belge, Forum Financier/Droit bancaire et financier 2012/III-IV, 143; unterschieden werden dort drei Ausprägungen: le concert-contrôle, le concert politique (politique commune durable concernant la gestion de la société) und parallelisme de comportement, idem p. 152 et s.; auch Volkova, Action de concert et contrôle conjoint, Revue pratique des sociétes 2010, 477. Allgemeiner de Cordt/Lambrecht/Hamer, éds., Le réforme de la réglementation sur les offres publiques d'acquisition, Waterloo 2007;

bei ihren Definitionen zahlreiche Probleme und Reformen.[257] Auch aus Österreich werden Unsicherheiten gemeldet.[258] Eine umfangreiche Kasuistik mit schwierigen Abgrenzungsproblemen gibt es auch in der Schweiz.[259] In Schweden führt die Besetzung des Nominierungsausschusses in der Aktiengesellschaft durch die vier oder fünf größten Aktionäre zu Unsicherheiten, ob dieses Zusammenwirken nicht bereits ein acting in concert ist.[260]

Foriers/Hirsch/Marquette/Jafferali, Les offres publiques d'acquisition. Le nouveau régime, Bruxelles 2008.

Für Frankreich Loi no 2010–1249 du 22 octobre 2010 de régulation bancaire et financière, J.O. no 247 du 23. 10. 2010, p. 18984, abrufbar unter www.journal-officiel.gouv.fr/frameset.html, mit Änderung von Art. L 233-10, L 233-10-1 des Code de commerce über acting in concert bei Übernahmeangeboten. Dazu Dossier Spécial: La loi de régulation bancaire et financière, une réponse à la crise, Bull. Joly Bourse, Février 2011, no 2, 113 ff.; noch zum Entwurf *Pietrancosta/Bompoint*, Rev. trim. de droit financier/Corporate Finance and Capital Markets L. Rev. (RTDF) 2/2010, 7; von Viandier (Fn. 136) noch nicht berücksichtigt, dort no. 82 a. E. Zur dieser Reform des Übernahmerecht in Frankreich Hopt (Fn. 48), S. 65. Zuletzt Bonneau/Pietrancosta, Acting in Concert in Capital Markets and Takeover Law, Rev. trim. de droit financier 4/2012.

[257] Für Frankreich Viandier (Fn. 136), nos 1410–1569 mit wichtigen Entscheidungen, etwa Eiffage AMF 26. 6. 2007, Cour d'appel de Paris 2. 4. 2008, Cour cass. 15. 5. 2012, Revue des sociétés 2012, 509, note Le Nabasque p. 511, und Revue des sociétés 2012, 514 (deux arrêts), note Paclot p. 515; Gecina AMF 13.12.207, Cour d'appel de Paris 24. 6. 2008, Cour cass. 27. 10. 2009; Hermès International AMF 7. 1. 2011, Cour d'appel de Paris 15. 9. 2011, Bull. Joly Sociétés, nov. 2011, p. 882, note D. Schmidt p. 889; Revue des sociétés, déc. 2011, p. 692, note Le Nabasque; Revue trimestrielle de droit financier 4/2011, p. 105, note Maison-Blance, et p. 118, note Martin-Laprade.

[258] Winner, Acting in concert im österreichischen Übernahmerecht, Einige rechtsabweichende Anmerkungen, Vortrag, 20. 5. 2011 in Hamburg; Winner/Schulz, ÖBA 2010, 82 (85 ff.).

[259] Art. 31 BEHV-FINMA bestimmt für die Auslösung eines Pflichtangebots nach Art. 32 BEHG: „Für im Hinblick auf die Beherrschung der Zielgesellschaft in gemeinsamer Absprache oder als organisierte Gruppe handelnde Erwerbspersonen von angebotspflichtigen Beteiligungen der Zielgesellschaft gilt Artikel 10 Absätze 1 und 2 sinngemäss." Art. 10 Abs. 1 BEHV-FINMA bestimmt: „In gemeinsamer Absprache oder als organisierte Gruppe handelt, wer seine Verhaltensweise im Hinblick auf den Erwerb oder die Veräusserung von Beteiligungspapieren oder die Ausübung von Stimmrechten mit Dritten durch Vertrag oder andere organisierte Vorkehren abstimmt." Dazu Hofstetter/Schilter-Heuberger in Watter/Vogt (Fn. 157), Art. 32 BEHG, Rn. 33 ff.; Schenker (Fn. 157), S. 477 ff. Auch Tschäni, Die Gruppe im Übernahmerecht – „Are we really all one?", in: Tschäni, Hrsg., Mergers & Acquisitions VI, Zürich 2004, S. 179.

[260] Skog, Conference on European Takeover Regulation, Oxford 20. 4. 2012.

Im Vereinigten Königreich entschärft man das Problem dadurch, dass das Panel 2009 ein langes Practice Statement[261] veröffentlicht hat, wonach das Panel das acting in concert sehr restriktiv auslegt. Voraussetzung sind danach 1) ein (auch nur drohender) Antrag von Aktionären, einen „board control-seeking"-Beschluss zu fassen und 2) nach einer Vereinbarung darüber der Erwerb von Aktien von 30 % oder mehr der Stimmrechte oder, wenn die Aktionäre schon 30 % haben, ein zusätzlicher Erwerb. Das Panel bietet sich ausdrücklich für Gespräche an und meint: „In practice, ‚board-control seeking' resolutions are rare".[262] In Italien sieht eine Verordnung eine Negativliste von Verständigungspraktiken vor,[263] die nicht zu einem acting in concert führen, etwa wenn Beschlüsse angefochten oder Organhaftungsprozesse angestrengt werden sollen, Kandidaten für weniger als die Hälfte der Sitze im Verwaltungsrat oder als Minderheitsvertreter vorgeschlagen werden, oder Beschlüsse über die Vergütung von Organen, related-party transactions oder „authorisations in connection with directors' non-compete obligations and defensive measures" gefaßt werden sollen. Vor allem aber sieht sich das Panel jeden Fall einzeln an und entscheidet danach in einem sehr weiten Ermessen.[264]

Ein Grundsatzproblem ist es, ob für das Übernahmerecht und das kapitalmarktrechtliche Melderecht, also für WpÜG und WpHG, dieselben Definitionen sinnvoll sind. Der deutsche Gesetzgeber ist dieser Ansicht und hat bei der Reform entgegen den Ratschlägen aus Wissenschaft und Praxis daran festgehalten. So handhabt das auch die BaFin.[265] Andere Mitgliedstaaten gehen noch weiter und benutzen den Begriff des acting in concert nicht nur bei Aktientransaktionen, sondern auch bei Verschmelzungen oder wenden jedenfalls bestimmte übernahmerechtliche Regeln analog auf diese an.[266] Angesichts der unterschiedlichen Funktionen und Rechtsfolgen im Übernahme- und Melderecht – man verglei-

[261] UK Takeover Panel Practice Statement No. 26 of 9 September 2009 on Shareholder Activism.

[262] Ebenda unter 1.6. Zu den policy questions auch Gower and Davies (Fn. 139) at 28–44, p. 1064 et s.

[263] Regolamento emittenti, aggiornato ad 9. 5. 2012, Art. 44-quater Nr. 2 lit. a–d (p. 62 f.). Auch in External Study (Fn. 4), p. 137, 175.

[264] Unten V 3 a.

[265] Von Bülow (Fn. 13), S. 21.

[266] Letzteres in Österreich, Diregger/Kalss/Winner (Fn. 137), Rn. 57 ff., 214; zum gemeinsamen Handeln ebenda, Rn. 42 ff. Das ist zwar eine Entscheidung zur An-

che nur das Pflichtangebot einerseits und die melderechtlichen Sanktionen andererseits[267] – sprechen die besseren Gründe wie in anderen Ländern, etwa der Schweiz[268] und wohl auch dem Vereinigten Königreich,[269] für jeweils unterschiedliche Definitionen.[270]

Weitere Probleme beim acting in concert ergeben sich daraus, dass einerseits aktive, langfristig interessierte Aktionäre im Interesse der Corporate Governance und der Nachhaltigkeit im Kapitalmarkt erwünscht sind,[271] andererseits diese, wenn sie sich engagieren, riskieren, als gemeinsam Handelnde die entsprechenden Sanktionen bis hin zum Pflichtangebot auszulösen. Dem tragen das oben erwähnte Practice Statement des Takeover Panels von 2009 und eine neuere Verordnung der italienischen CONSOB Rechnung, nach letzterer liegt kein acting in concert vor, wenn die Absprache weniger als die Hälfte der Mitglieder des Verwaltungsrates betrifft.[272] Die Trennlinie zwischen bloßer unschädlicher gegenseitiger Information und einem acting in concert ist

---

wendung der Pflichtangebotsregelung auf Verschmelzungen, aber das acting in concert erweitert diese Regelung.

[267] Im Melderecht geht es um Vorfeldtransaktionen, im Übernahmerecht um Kontrollerlangung oder Kontrollwechsel. Für Unternehmen kann aber im Einzelfall die Überschreitung der Meldegrenze, also z.B. fünf Prozent, unangenehmer sein als die Drohung eines Pflichtangebots, die nur in besonderen, steuerbaren Fällen relevant wird.

[268] Hofstetter/Schilter-Heuberger Watter/Vogt (Fn. 157), Art. 32 BEHG, Rn. 39.

[269] Dort hat die FSA mit Wirkung vom 6.2.2011 die Guidance on concert party arrangements for the control of UK banks and other financial industry entities erlassen. Ungeklärt ist das Verhältnis zur Behandlung des acting in concert durch das Takeover Panel, dazu Herbert Smith, Financial regulatory developments, Law and Financial Markets Review 2011, 224 at 241 et s., 242/243.

[270] Statt vieler von Bülow (Fn. 13), S. 21 f.; Fleischer, ZGR 2008, 185 (197 f.). Zu diesem auch vom belgischen Gesetzgeber bewußt gewählten Gleichlauf auch Volkova (Fn. 256) p. 512.

[271] Europäische Kommission in ihrem Aktionsplan von 2012 (Fn. 5), auch Fn. 277, 330 und 408. Dazu Wymeersch, Shareholder(s) matter(s), Festschrift für Hopt (Fn. 98), Bd. 1, S. 1565 (1582 ff.). Die mangelnde Begriffsklarheit des action in concert wird weithin (48 %) als Hindernis für die Zusammenarbeit von Aktionären angesehen, External Study (Fn. 4), p. 176; auch Report of the Reflection Group on the Future of EU Company Law, Brussels, 5.4.2011, p. 46 et s.: long term ownership. Mit Reformvorschlägen, aber skeptisch Winter, Shareholder Engagement and Stewardship: The Realities and Illusions of Institutional Share Ownership, abrufbar unter http://ssrn.com/abstract=1867564.

[272] Regolamento emittenti (Fn. 263), Art. 44-quater Nr. 2 lit. b; auch External Study (Fn. 4), p. 135.

unsicher und sehr leicht zu überschreiten. Hinzu kommt das Problem der Kettenzurechnung bei Konzernsachverhalten. Nicht zuletzt wird die Verteilung der Beweislast relevant,[273] nach manchen ist diese sogar wichtiger als die Definition selbst.

Nach den Befragungen der External Study sind 64 % der Befragten der Ansicht, eine klarere Regelung in der Richtlinie wäre nützlich, während die Mehrzahl der Aufsichtsbehörden eher für administrative Leitlinien sind, auf EU-Ebene (86 %) und auf der Ebene der Mitgliedstaten (100 %), wobei die Meinungen, wie die Regelung inhaltlich aussehen sollen, weit auseinandergehen.[274] Demgegenüber hat bei der oben erwähnten Umfrage die Mehrheit (54,1 %) die derzeitigen Regelungen des acting in concert in § 30 Abs. 2 WpÜG für ausreichend erachtet, so vor allem die institutionellen Investoren (83,3 %) und Rechtsberater (81 %), deutlich weniger die Investmentbanken und etwa hälftig gespalten die Unternehmensvertreter.[275]

Die Kommission beabsichtigt deshalb, die Begriffsbestimmung des Art. 2 Abs. 1 lit d schärfer zu fassen und beruft sich dafür auch auf die Antworten, die sie auf ihre Nachfrage zum acting in concert in zwei Grünbüchern bekommen hat, und hat das jetzt auch in ihrem Aktionsplan zum Europäischen Gesellschaftsrecht und zur Corporate Governance vom 12. 12. 2012 bekräftigt.[276] Dass die Kommission das tun würde, war auch erwartet worden, zumal das im Einklang mit dem Bestreben der Kommission steht, längerfristig orientierte Anlagen und Anleger

---

[273] Für Frankreich beispielsweise Cour d'appel de Paris, 2. 4. 2008, Sacyr c. Eiffage, No. 07/11675. Zur présomption d'action de concert entre personnes liées Dieux/Legein (Fn. 256) p. 151 et s.

[274] External Study (Fn. 4), p. 175 et s., auch Tabelle p. 177.

[275] Survey Report (Fn. 89), p. 33; Expertenumfrage (Fn. 89), ZIP 12, 1 (9). Auf fortbestehende, erhebliche Auslegungsschwierigkeiten weist Oechsler, ZIP 2011, 449 im Vergleich mit englischen und US-amerikanischem Recht hin. Zu den Schwierigkeiten bei der Beweisführung am Beispiel des Übernahmeverfahrens ACS/Hochtief Seibt, CFL 2011, 213 (229).

[276] Europäische Kommission, Aktionsplan (Fn. 5), 3.4. Die Kommission will 2013 in Zusammenarbeit mit den zuständigen nationalen Behörden und der ESMA Leitlinien zur Klärung des Begriff der gemeinsam handelnden Personen erstellen, um mehr Rechtssicherheit für die Zusammenarbeit von Anlegern in Corporate Governance-Fragen zu schaffen. Dabei scheint es aber eher um eine Art white list für die institutionellen Anleger (shareholder activism) zu gehen als um eine Definition für das Transparenz- und Übernahmerecht. Zuvor schon Anwendungsbericht der Kommission (Fn. 3), 3 Nr. 16 und Feedback Statement, Summary of Responses to the Green Paper on the EU Corporate Governance Framework, 15. 11. 2011.

zu fördern.[277] Auch handelt es sich dabei um eines der wenigen, nicht politisierten Reformthemen, und die Kommission könnte damit einen wenngleich kleinen, konkreten Erfolg vorweisen. Denkbar wäre gewesen, dass die Kommission mit dem Begriff des acting in concert eine partielle Vollharmonisierung (core or partial full harmonization) vornehmen würde, was in der Literatur – hier ebenso wie für die Revision der Transparenzrichtlinie – umstritten ist[278] und die ganzen Konkretisierungsprobleme zu einer Materie für den EuGH machen würde. Dies könnte durch die Aufnahme von Regelbeispielen bzw. von Ausnahmen, etwa bei pool agreements, entschärft werden. Wie in ihrem Aktionsplan angekündigt und politisch verständlich, will sich die Kommission jedoch auf Leitlinien zum Begriff des acting in concert beschränken. Ob es zu irgendeinem späteren Zeitpunkt dann doch noch zu Definitionen des acting in concert in den verschiedenen Richtlinien kommen wird, bleibt abzuwarten.

b) Ausschluss- und Andienungsrecht (squeeze-out und sell-out)

In den weiteren Zusammenhang des Pflichtangebots gehören auch die Regeln der Richtlinie über den Ausschluss von Minderheitsaktionären (right of squeeze-out, Art. 15) und das Andienungsrecht (sell-out, Art. 16). Denn der Bieter wird eher ein Pflichtangebot in Kauf nehmen, wenn er anschließend die Möglichkeit hat, alle Aktien zu erwerben, um dann frei schalten und walten zu können.[279] Diesem Ausschlussrecht entspricht auf Seiten der Minderheit das Andienungsrecht, allerdings haben beide unterschiedliche Funktionen, ersteres ist ein Anreiz für den Bieter, letzteres ein Schutzinstrument für die wenigen verbliebenen Minderheitsaktionäre, das dem Pflichtangebot nahesteht. Beide Rechte sind schon im Zwischenbericht der Europäischen Kommission angesprochen

---

[277] Mitteilung der Kommission „Auf dem Weg zu einer Binnenmarktakte", April 2011, KOM(2011) 206 endgültig; darauf weist die Kommission in ihrem Anwendungsbericht (Fn. 3) 4 Nr. 23 ausdrücklich hin. Dieses Ziel durchzieht auch den ganzen Aktionsplan der Europäischen Kommission von 2012 (Fn. 5).

[278] Dazu z. B. Fleischer/Schmolke, NZG 2010, 1241 (1245 ff.); Veil, WM 2012, 53 (54); ders. Vortrag, 5./6. 7. 2012 in Hamburg.

[279] Dass die größere Wahrscheinlichkeit eines squeeze-out nach einem Pflichtangebot ein Argument gegen dieses sein soll, ist nicht einzusehen. Das Pflichtangebot schützt die Minderheitsaktionäre, und ein squeeze-out durch einen 90 %–95 %igen Kontrollaktionär ist bei angemessenem Preis sachlich und marktlich gerechtfertigt.

worden, aber ohne dass hier besondere Probleme gesehen worden wären.[280] Im Wesentlichen wurden dort die unterschiedlichen Schwellenwerte in den verschiedenen Mitgliedstaaten aufgelistet. Diese bewegen sich zwischen 90 % und 95 % des stimmberechtigten Kapitals und der Stimmrechte, ausnahmsweise des gesamten Kapitals wie in Schweden und ebenfalls ausnahmsweise mit einer Differenzierung zwischen squeeze-out und sell-out.[281] Interessant ist die italienische Variante, die für das Andienungsrecht im Interesse der Minderheitsaktionäre je nach der Liquidität am Markt 90 % statt wie sonst 95 % genügen lässt.[282] Bei der Preisbemessung wirft die Vermutung der Angemessenheit Probleme auf.[283] Belgien verlangt, dass die unabhängigen Direktoren die fairness opinion eines unabhängigen Experten einholen, während in Frankreich bei Interessenkonflikten die Zielgesellschaft den Experten bestellt.[284] Ausführlichere Daten hat dazu die External Studie gebracht, sie hat aber auch bestätigt, dass sich hier keine wesentlichen Probleme ergeben.[285]

In der deutschen Praxis hat das übernahmerechtliche Ausschlussverfahren keine Bedeutung erlangt, und auch in anderen Ländern gibt es andere Möglichkeiten wie schemes of arrangement oder cash-out mergers.[286] Für Deutschland wird für die Zeit vom 1. 1. 2010 bis zum 30. 6. 2011 von nur vier Verfahren berichtet, die nach § 39a WpÜG abgewickelt

[280] Commission Staff Working Document (Fn. 60), p. 9 sub 2.1.6 (squeeze-out), p. 10 sub 2.2.2 (sell-out).

[281] Ebenda, p. 18 Annex 4: Squeeze-out, sell-out threshold following a takeover bid.

[282] External Study (Fn. 4), p. 43.

[283] Kaisanlahti, When is a Tender Price Fair in a Squeeze-Out? EBOR 8 (2007), 497; Posdziech, WM 2010, 787.

[284] Ebenda, p. 44, 223.

[285] External Study (Fn. 4), p. 43 et s., 219 et s. Ökonomische Beurteilung bei CEPS External Study (Fn. 4), p. 314 et s. Auch van der Elst/van den Steen, Balancing the Interests of Minority and Majority Shareholders: A Comparative Analysis of Squeeze-out and Sell-out Rights, ECFR 2009, 391; Ventoruzzo, Freeze-Outs: Transcontinental Analysis and Reform Proposals, Virginia Journal of International Law 50 (2010) 841, 914 et s. mit dem Vorschlag einer deutlichen Absenkung der Schwelle (majority-of the minority freeze-out wie im UK), dagegen CEPS External Study (Fn. 4), p. 317.

[286] Zu den beiden letzteren näher External Study (Fn. 4), p. 44, und zu den schemes of arrangements schon oben III 2 f Fn. 219. In diesem Zusammenhang erwähnt die External Study, ebenda, auch die deutschen Unternehmensverträge.

worden sind.[287] Als Gründe dafür werden vor allem zwei angegeben: die in der Praxis nur sehr schwer erreichbare Schwelle von 95 % des stimmberechtigten Grundkapitals und unsichere Rechtsfragen bei der Preisbestimmung und der verfahrensrechtlichen Überprüfung. Letzteres ist auch das Ergebnis der External Study („high incentive to litigate").[288] Zwar ist mittlerweile für § 39a WpÜG höchstrichterlich geklärt, dass nach einer Vermutung im Regelfall bzw. prima facie der Angebotspreis eine angemessene Orientierungsgröße ist und dass es kein Spruchverfahren gibt.[289] Aber ob dies Art. 16 der Richtlinie entspricht, ist nach wie vor ungeklärt mit der Folge, dass in der Praxis das Ausschlussverfahren nach §§ 327a ff AktG als rechtssicherer gewählt wird[290] und künftig wahrscheinlich das verschmelzungsrechtliche Ausschlussverfahren nach § 62 Abs. 5 UmwG mit einer Schwelle von 90 % gewählt werden wird.

Rechtspolitisch macht jedenfalls die unterschiedliche Regelung von drei Ausschlussverfahren, des übernahme-, des verbands- und inzwischen des verschmelzungsrechtlichen (§ 62 Abs. 5 UmwG), wenig Sinn. Für eine Reform des § 39a WpÜG unter Absenkung der Schwelle auf 90 % entsprechend derjenigen in § 62 Abs. 5 Satz 1 UmwG hat sich denn auch in der oben genannten Befragung eine klare Mehrheit (67,4 %) ausgesprochen.[291]

In Art. 15 Abs. 2 Unterabs. 2 ist den Mitgliedstaaten das Optionsrecht zugestanden, einen höheren Schwellenwert als 90 % bis auf 95 % des stimmberechtigten Kapitals und 95 % der Stimmrechte festzulegen. Eine diesbezügliche Reform der Richtlinie wäre zwar denkbar, würde aber vermutlich auf den Widerstand der Mitgliedstaaten stoßen, die davon Gebrauch gemacht haben wie – außer Deutschland – die Benelux-Staten,

[287] Zu diesen und zum Folgenden Seibt, CFL 2011, 213 (238); auch von Bülow (Fn. 13), S. 24 ff.

[288] External Study (Fn. 4), p. 224.

[289] LG Frankfurt, AG 2009, 421; OLG Frankfurt, AG 2009, 86; OLG Stuttgart, AG 2009, 707; OLG Celle, ZIP 2010, 830 (831); BVerfG, NZG 2012, 907 (911), keine Vorlage an den EuGH; auch B. Bork, NZG 2011, 650; Merkt, Der Nacherwerb beim Squeeze-out und beim Sell-out (§§ 39a, 39c WpÜG), Festschrift für U. H. Schneider, Köln 2011, S. 811.

[290] Austmann, NZG 2011, 684 (685); Seibt, CFL 2011, 213 (239); KöKoWpÜG/Hasselbach (Fn. 18), § 39a Rn. 3.

[291] Survey Report (Fn. 89), p. 39; Expertenumfrage (Fn. 89), ZIP 2011, 1 (10): vor allem die institutionellen Investoren, die Unternehmensvertreter und die Rechtsberater, zu 100 % dagegen jedoch die Gewerkschaften, die Wissenschaft war hälftig gespalten.

Frankreich, Italien und andere. Es fragt sich auch, ob eine solche Reform für einen einheitlichen europäischen Übernahmemarkt wirklich notwendig wäre, zumal in den meisten Mitgliedstaaten andere gleich- und besserwertige Ausschlussverfahren zur Verfügung stehen dürften. Die Kommission wird sich daher für eine solche Reform kaum erwärmen.

IV. Verhinderungsverbot, zulässige Verteidigungsmaßnahmen, externe Corporate Governance

1. *Delaware oder London: just say no rule oder Verhinderungsverbot?*

a) Protektionistische Reaktionen auf die Übernahmerichtlinie

In der Diskussion um die Übernahmerichtlinie war die Frage nach dem Verhinderungsverbot und nach den zulässigen Verteidigungsmaßnahmen gegen feindliche Übernahmen am heftigsten umstritten und hat bekanntlich in letzter Minute vor dem Scheitern der ganzen Richtlinie zu dem Kompromiss geführt, der sich heute in Art. 9, 11 und 12 befindet. Danach besteht grundsätzlich ein *Verhinderungsverbot* (auch *Neutralitätsgebot, board neutrality rule, BNR*).[292] Nach diesem darf der Vorstand im Zeitraum vom Erhalt der Angebotsunterlage bis zur Bekanntmachung des Ergebnisses des Angebots keine Maßnahmen ergreifen, „durch die das Angebot vereitelt werden könnte", sondern er muss sich dazu von der Hauptversammlung ermächtigen lassen. Art. 11 sieht eine Durchbruchsregelung vor, mit der gewisse Beschränkungen der Übertragung von Wertpapieren der Gesellschaft und der Stimmrechtsausübung samt Mehrfachstimmrechten während des Übernahmeverfahrens durchbrochen werden.[293] Art. 12 erlaubt den Mitgliedstaaten, von Art. 9 Abs. 2 und 3 und/oder Art. 11 abzuweichen (*Mitgliedstaatenoptionen*). Davon

[292] Der Ausdruck Neutralitätsgebot ist schief, weil zu weit. Der Vorstand muss keineswegs gänzlich neutral oder sogar inaktiv bleiben, sondern kann einen weißen Ritter suchen und sich in seiner Stellungnahme sehr wohl für die Ablehnung des Übernahmeangebot aussprechen. BNR ist eine griffige Abkürzung, vor allem in Parallele zu MBR (mandatory bid rule) und BTR (Durchbruchsregelung, breakthrough rule).

[293] Unten IV 2 c.

haben viele Mitgliedstaaten Gebrauch gemacht. Die Kommission hat dazu in ihrem Zwischenbericht von 2007 ein sehr kritischer Resümé gezogen und *protektionistische Tendenzen* festgestellt: „A large number of Member States have shown strong reluctance to lift takeover barriers. The new board neutrality regime may even result in the emergence of new obstacles on the market of corporate control. The number of Member States implementing the Directive in a seemingly protectionist way is unexpectedly large."[294] Die bereits erwähnte Untersuchung von Davies u.a.[295] hat das mit Einzelinformationen näher belegt. Wie erwartet, beabsichtigt denn auch die Kommission nicht, dieses heiße Eisen anzufassen, zu groß ist die Gefahr, dass sie sich damit die Finger verbrennt. Da es sich aber beim Verhinderungsverbot und der Frage nach den noch zulässigen bzw. unzulässigen Verteidigungsmaßnahmen um eine grundlegende, besonders strittige Frage des Übernahmerechts handelt, kann diese Problematik in einer Abhandlung über europäisches Übernahmerecht nicht beiseite gelassen werden.

b) Vergleich der Übernahmeregelungen in den USA und im Vereinigten Königreich

(1) Das Übernahmerecht in den USA

Der Schlüssel zu dieser rechtspolitischen Grundsatzfrage liegt im *Vergleich der Übernahmerechte* der USA[296] und des Vereinigten König-

---

[294] Commission Staff Working Document (Fn. 60), p. 10.

[295] Davies et al. (Fn. 61).

[296] Zur „Director Primacy in Corporate Takeovers" Bainbridge, The Delaware Journal of Corporate Law 31 (2006), 769; zu der unterschiedlichen Beurteilung von Verteidigungsmaßnahmen in der amerikanischen Literatur Barry/Hatfield (Fn. 24) at 646 et s. Genannt werden könnten insoweit auch Australien, Japan und Canada, die ebenfalls in größerem Umfang Verteidigungsmaßnahmen, insbesondere poison pills, zulassen, External Study (Fn. 4), p. 205 et s.; aber auch ebenda, p. 43: alle diese Länder haben Regelungen, die mehr oder weniger dem Verhinderungsverbot entsprechen. Zu Australien Hill, Takeovers, Poison Pills and Protectionism in Comparative Corporate Governance, Festschrift für Hopt (Fn. 98), Bd. 1, S. 795. Zu Japan Hayakawa, Die Zulässigkeit von Abwehrmaßnahmen im sich entwickelnden japanischen Übernahmerecht, Festschrift für Hopt (Fn. 98), Bd. 2, S. 3081; H. Watanabe, Designing a New Takeover Regime for Japan: Suggestions fom the European Takeover Rules, Zeitschrift für Japanisches Recht 15 (2010), 89. Zur verteidigungsfreundlichen Rechtsprechung in den Niederlanden van Bekkum/Hijink/Schouten/Winter, Corporate Governance of the Netherlands, in: Fleckner/Hopt, eds., Com-

reichs, die sich in dieser Frage diametral gegenüberstehen.[297] In den *USA* fehlt es an einem Verhinderungsverbot. Ganz im Gegenteil erwartet man, dass der Board die für die Aktionäre richtige Entscheidung trifft, als ihr Treuhänder und ohne sie zu befragen. Die Gerichte in Delaware, die das amerikanische Übernahmerecht gestalten – der Williams Act des Bundes von 1968 enthält im Wesentlichen nur Offenlegungsspflichten und Verfahrensregelungen –, haben sogar die just say no rule für rechtmäßig erklärt. An Verteidigungsmaßnahmen ist heute die poison pill, also die Ausgabe von neuen Aktien an die übrigen Aktionäre zwecks Verwässerung[298], kombiniert mit dem staggered board, also zeitversetzten Amtszeiten der einzelnen Direktoren, am verbreitetsten. Aussicht auf eine erfolgreiche Übernahme gibt es deshalb nur auf dem Wege der Abberufung der Direktoren durch einen proxy fight, bei dessen Erfolg dann der Bieter ihm genehme Direktoren einzusetzen kann, die diese

---

parative Corporate Governance: A Functional and International Analysis, Cambridge 2013, p. 648 (681 et s.).

[297] Die Rechtsvergleichung in IV 1 b) beruht auf den Ausführungen des Verf. (Fn. 48), S. 59f., 62/63 für das Vereinigte Königreich und die USA; auch Goergen/Martynova/Renneboog, Corporate Governance Convergence: Evidence from Takeover Regulation Reforms in Europe, Oxford Review of Economic Policy 21 (2005), 243, auch ECGI Law Working Paper 33/2005; Ventoruzzo (Fn. 121), 41 Texas Int'l L.J. 171 (2006) at 214; Saira Aga, A Review and Comparison of Takeover Defenses in the U.S. and U.K., June 27, 2010, abrufbar unter http://ssrn.com/abstract=1631432; gute Rechtsvergleichung bei Möslein, Grenzen unternehmerischer Leitungsmacht im marktoffenen Verband: Aktien- und Übernahmerecht, Rechtvergleich und europäischer Rahmen, Berlin 2007, S. 470ff. Zu den rechtspolitischen Vorschlägen, das Ob und Wie eines Verhinderungsverbots und von Verteidigungsmaßnahmen der Hauptversammlung zu überlassen („neutrales" Übernahmerecht), schon oben II 2. Zur italienischen Regelung, Verteidigungsmaßnahmen in bestimmten zeitlichen Abständen zwingend von der Hauptversammlung bestätigen zu lassen, was die oben erwähnten Vorstellungen von einem „neutralen" Übernahmerecht (mit)inspiriert hat, Davies et al. (Fn. 61) at 142 n. 149. Die External Study (Fn. 4), p. 324, will dagegen drei Modelle unterscheiden: 1. Dispersed shareholders/No takeover defenses/Agency theory; 2. Blockholders/Mild takeover defenses/Corporate interest; 3. Dispersed shareholders/Strong takeover defenses/Fiduciary duties. Das erste Modell entspricht dem im Vereinigten Königreich, das dritte dem in den USA und das zweite dem in manchen kontinentalen Mitgliedstaaten der EU. Die Aktionärsstrukturen sind für das Übernahmerecht wichtig, aber bestimmen, wie das Vereinigte Königreich und die USA zeigen, die Modelle gerade nicht. Auch ist nicht zu übersehen, dass es in allen Ländern sowohl Aktiengesellschaften im Streubesitz als auch kontrollierte bzw. konzernangehörige gibt.

[298] Zur Verwässerung durch eine flip-in poison pill auch Gordon, AG 2002, 670 (673). Poison pills sind in der EU nicht zulässig, Davies et al. (Fn. 61), p. 109 et s.

Übernahmeschranke beseitigen, was wiederum durch staggered boards (boards mit zeitversetzten Amtsdauern der Direktoren) erschwert wird.[299] Dabei ist relevant, dass in den USA die Amtszeit von Direktoren nur ein Jahr beträgt.[300] Bemühungen von Aktionärsseite, insbesondere von institutionellen Anlegern, diese Übernahmeschranke zu beseitigen (declassification des classified board) gibt es, aber bisher ohne wirklichen Erfolg.[301] Wichtig ist allerdings die Revlon rule, die die Rechtsprechung von Delaware entwickelt hat. Danach verändert sich die Pflichtenstellung des Board in dem Augenblick, in dem er mit dem Bieter in Übernahmegespräche bezüglich des Preises eintritt, schlagartig und komplett. Ab dann gilt die Zielgesellschaft nämlich rechtlich als zum Verkauf stehend, und der Board hat nur noch die Pflicht, für die Aktionäre den besten Preis herauszuholen (auctioneering rule). Zu diesem Zwecke werden heute allgemein fairness opinions, mittlerweile zunehmend auch inadequacy opinions, eingeholt.[302] In der Praxis ist allerdings zu beobachten, dass zahlreiche Übernahmeangebote letztlich doch erfolgreich sind.[303]

---

[299] Bebchuk/Coates/Subramanian, The Powerful Antitakeover Force of Staggered Boards: Theory, Evidence and Policy, 54 Stanford L. Rev. 887 (2002); Bebchuk/Cohen/Wang, Staggered Boards and the Wealth of Shareholders: Evidence from Two Natural Experiments, July 12, 2011, abrufbar unter http://ssrn.com/abstract=1706806; Bebchuk/Kamar, Bundling and Entrenchment, Harvard Law Review 123 (2010) 1551; Fos, The Disciplinary Effects of Proxy Contests, August 1, 2011, abrufbar unter http://ssrn.com/abstract=1705707. Vgl. auch Bebchuk/Cohen/Ferrell, What Matters in Corporate Governance? 22 Review of Financial Studies 783 (2009) mit einem entrenchment index, der in der Literatur weithin benutzt wird. Auch Davies et al. (Fn. 61), at 112. Gegen Bebchuk et al. Gordon, Takeover Defenses Work. Is That Such a Bad Thing? 55 Stanford L. Rev. 819 (2002). Zweifelnd Listokin, If you Give Shareholders Power, do they Use it? An Empirical Analysis, Journal of Institutional and Theoretical Economics JITE 166 (2010), 38.

[300] Gordon, AG 2002, 670, 672. Längere Amtszeiten, z. B. fünf Jahre in Deutschland, werden häufig als Übernahmehindernisse gewertet.

[301] Zur Reformdiskussion Ventoruzzo, Empowering Shareholders in Directors' Elections: A Revolution in the Making, ECFR 2011, 105; proxy contest sind jedoch schwierig, Bebchuk, The Myth of the Shareholder Franchise, 93 Virginia L. Rev. 675, 734 (2007) at 682.

[302] Unten IV 1 c (5).

[303] Für die USA Gordon, AG 2002, 670 (676), aber das sei eine „Folge von Institutionen und Praktiken, die in Deutschland nicht einfach nachzuahmen sind“. Auch External Study (Fn. 4), p. 43: „In the US, the use of traditional defensive measures has declined in the last five years as, upon pressure from institutional investors and other activist shareholders, a number of US public companies have revoked and/or purposefully let existing defensive measures expire.“ Vgl. Cain/Davidoff, Delaware's

Das liegt an dem gesamten Umfeld der USA mit independent directors, institutionellen Anlegern, weitreichender Publizität, der oft genutzten Möglichkeit eines proxy contest, kapitalmarktrechtlichen Vorschriften, Pressionen der Öffentlichkeit und sehr rasch drohenden und leicht anzustrengenden Prozessen.[304] Eine ganz entscheidende Rolle spielt in der heutigen Praxis, dass goldene handshakes für Direktoren weit verbreitet sind. Das führt dazu, dass Direktoren einfach herausgekauft werden.[305] Auch konkurrierende Übernahmeangebote kommen nicht selten vor.[306]

(2) Die Übernahmeregelung im Vereinigten Königreich

Das Vereinigte Königreich hatte mit seinem seit Jahrzehnten praktizierten Übernahmeregelungsmodell schon vor dem Erlaß der Übernahmerichtlinie 2004 einen ganz erheblichen Einfluss auf viele kontinentaleuropäische Mitgliedstaaten. Das galt nicht nur für das Pflichtangebot, die Angebotsunterlage und viele verfahrensrechtliche Einzelheiten, sondern vor allem auch für das Verhinderungsverbot (passivity rule oder

---

Competitive Reach, Journal of Empirical Legal Studies 9 Issue 1 (2012) 92, abrufbar unter http://ssrn.com/abstract=1431625; für andere US-Staaten Barzuza, The State of State Antitakeover Law, Virginia Law Review 95 (2009) 1973.

[304] The High Level Group of Company Law Experts, Report on Issues Related to Takeover Bids, Brussels, 10. 1. 2002, chapter 1, section 5: Level Playing Field Between the EU and the USA; auch in: Ferrarini/Hopt/Winter/Wymeersch (Fn. 17), Annex 2, p. 825 at 867 et s.; auch abrufbar unter http://ec.europa.eu/internal_market/company/docs/takeoverbids/2002–01-hlg-report_en.pdf; (abgerufen 3. 1. 2013); ähnlich Gordon (Fn. 17), p. 550 et s. Die External Study (Fn. 4), p. 206 stellt einen Rückgang der Bedeutung der Verteidigungsmaßnahmen in den USA in den letzten fünf Jahren fest und schreibt dies hauptsächlich den institutionellen Investoren zu. Rechtlich hat sich aber an der just say no-rule nichts geändert. Zuletzt Air Products & Chemicals, Inc. v. Airgas, Inc., In Re Airgas Inc. Shareholder Litigation, Del. Chancery Court, Febr. 15, 2011, 16 A.3d 48 (Del.Ch. 2011), geltendes Recht, aber kritische Bemerkungen sogar von Chancellor Chandler, ebenda at 7 et s., 151 et s.; berichtend Delahaye, Still alive: Poison pills and staggered boards as hostile takeover defenses – The battle for Airgas, (2012) International Company and Commercial Law Review 2012, 211.

[305] Betton et al. (Fn. 20), p. 3 at 93 golden handshake as sacrifice premium; auch Fich/Cai/Tran, Stock option grants to target CEOs during private merger negotiations, J. of Financial Economics 101 (2011) 413: options substitute for golden parachutes; Kahan/Rock, How I Learned to Stop Worrying and Love the Pill: Adaptive Responses to Takeover Law, 69 U. Chicago L. Rev. 871 (2001); damit werden aber Direktoren auch für mangelhafte Leistung belohnt, Davies et al. (Fn. 61), at 113 et s.

[306] Seibt, CFL 2011, 213 (218), auch im Vereinigten Königreich, aber selten in Deutschland.

no frustration rule bzw. antifrustration rule)[307]. Der allererste Vorentwurf der Kommission basierte auf Vorabeiten von Pennington in den frühen Siebziger Jahren.[308] Die schließlich in der Richtlinie von 2004 enthaltenen Lösungen decken sich mit Ausnahme vor allem der Durchbruchs-, Options- und Reziprozitätsregelungen weitgehend mit diesem Modell. Das kommt nicht von ungefähr. Das Vereinigte Königreich hat die längsten und breitesten Erfahrungen in Europa mit Übernahmen, und diese sind – offenbar trotz des Pflichtangebots[309] und des Verhinderungsverbots[310] – im großen und ganzen sehr gut. Bei Rechtsvergleichen und ganz besonders bei Rechtsimplantaten[311] muss allerdings auf die unterschiedlichen Gegebenheiten geachtet werden. Für den Übernahmemarkt und die Übernahmeregelung im Vereinigten Königreich sind das vor allem der riesigen Markt mit vielen börsennotierten Gesellschaften,[312] ein weitestgehend gestreuter Aktienbesitz bei relativ wenigen Großaktionären in diesen Gesellschaften,[313] ein sehr hoher Anteil von institutionellen Investoren (schon 1999 mit 51,9 % des Aktienmarkts gegenüber 15,3 % gehalten von Einzelanlegern)[314] und eine von den institutionellen Anlegern im Zusammenwirken mit der Bank of England und

[307] Takeover Code General Principle 3 und Rule 21. Restrictions on frustrating actions, darin Rule 21.1 When shareholders' consent is required, und Rule 212. Inducement fees and other offer-related arrangements (beide Stand 19. 9. 11). Ein entsprechendes Verbot ergibt sich möglicherweise im englischen Recht bereits aus Gesellschaftsrecht, Kershaw, The Illusion of Importance: Reconsidering the UK's Takeover Defence Prohibition, 56 Int'l & Comp. L.Q. 267 (2007). Aber das stellt die Relevanz für das Europäische Übernahmerecht in 27 Mitgliedstaaten nicht in Frage. Überblick bei Gower and Davies (Fn. 139) at 28–20, p. 1034 et s. zu den post-bid defensive measures, at 28–21 et s., p. 1036 et s. zu den defensive measures in advance of the bid.

[308] Pennington-Entwurf 1974, EG-Komm. Dok. XI/56/74; dazu Behrens ZGR 1975, 433, Hopt, ZGR 1992, 265 (273).

[309] Oben III 1 b; zur Entwicklung der creeping in rule Merkt, NZG 2011, 561 (563); Baums, ZIP 2010, 2374 (2379). Speziell zum acting in concert UK Takeover Panel Practice Statement (Fn. 261).

[310] Oben IV 1 c.

[311] von Hein, Die Rezeption US-amerikanischen Gesellschaftsrechts in Deutschland, Tübingen 2008.

[312] London Stock Exchange als viertgrößten Markt der Welt und nach dem Umsatz an dritter Stelle, Prentice, The United Kingdom, in: Bruno/Ruggiero, eds., Public Companies and the Role of Shareholders, Wolters Kluwer 2011, p. 197 at 203 (Zahlen von 2004).

[313] Zahlen bei Prentice (Fn. 312) at 214 et s.

[314] Tabelle und Zahlen bei Prentice (Fn. 312) at 209 et s.

der City getragene und dominierte, im Wesentlichen außerrechtliche Regelung durch den City Code und das Takeover Panel.

Schon beim Streit um die Übernahmerichtlinie von 2004 war es so, dass sich die Kontrahenten ohne weiteres entweder auf das britische Übernahmerecht, so die Kommission, oder auf das amerikanische beriefen, so viele Mitgliedstaaten, die kontinentaleuropäische Industrielobby und teils mehr, teils weniger unabhängige Teile der academia. Der Vergleich beider Rechte erschließt sich aber erst, wenn die Gründe für die unterschiedliche Entwicklung betrachtet werden, was die public choice theory tut.[315] In beiden Ländern kam es zu den jeweiligen Regelungen erst aufgrund von Mißbräuchen, die die Öffentlichkeit erregt haben. Im Vereinigten Königreich setzten sich die institutionellen Investoren durch, die dort die entscheidende Rolle spielen und, wie bereits erwähnt, im Verein mit der Bank of England und der City dem Gesetzgeber zuvorkamen und die – rechtlich, wenn auch nicht tatsächlich freiwillige[316] – Regelung des City Code unter Aufsicht des privaten Takeover Panel einführten. In den USA geht die Regelung dagegen, ohne relevantes Eingreifen des Bundesgesetzgebers, auf eine ganz besondere Kräftekonstellation von Management, Rechtsanwaltschaft und den Gerichten in Delaware zurück[317], nachdem in den Achtziger Jahren eine Welle feindlicher Übernahmen das Pendel zu sehr in die eine Richtung hatte ausschlagen lassen. Es folgte dann umgekehrt eine „defense wave", bis diese dann in den späten Neunziger Jahren durch die „friendly merger wave" abgelöst wurde.[318] Beide Modelle sind also bis zu einem gewissen Grad institutio-

---

[315] Dazu aufschlussreich Armour/Jacobs/Milhaupt, The Evolution of Hostile Takeover Regimes in Developed and Emerging Markets: An Analytical Framework, 52 Harv. Int. L.J. (2011) 221 at 233 et s. (UK), 239 et s. (USA), 248 et s. (Japan), und schon Armour/Skeel (Fn. 25), 95 Geo. L.J. 1727 (2007), auch in ECGI Law Working Paper 73/2006. Auch Liu, The non-frustration rule of the UK city code on takeover and mergers and related agency problems: what are the implications for the EC takeover directive? 17 Columbia Journal of European Law Online 2010, 5; Schnydrig, Should Defensive Measures in Takeover Settings be Permitted or Prohibited by Law? European Business Law Review 2009, 909.

[316] Hopt, ZHR 175 (2011), 444 (455 ff., 458 f.).

[317] Das darf nicht dahin mißverstanden werden, als seien die Delaware Richter nicht unabhängig oder gar nicht fachkundig, ganz im Gegenteil, siehe vielmehr die institutionellen Analysen bei Armour/Jacobs/Milhaupt (Fn. 315), at 241 et s., 262 et s.

[318] Eckbo (Fn. 20), p. XXV; Betton et al. (Fn. 20), at 117.

nell durch bestimmte Interessenkonstellationen geprägt.[319] Das bedeutet allerdings nicht, dass sie, wie gelegentlich behauptet, schon deshalb für Kontinentaleuropa ohne Bedeutung seien, weil hier die Aktionärsstruktur herkömmlich eine andere ist, nämlich Konzern- und Familiengesellschaften mit Kontroll- oder Blockaktionären, während im Vereinigten Königreich 90 % der Gesellschaften in Streubesitz stehen.[320] Zwar spielt in solchen Gesellschaften ein Verhinderungsverbot für die Verwaltung eine geringere Rolle, weil das Prinzipal-Agenten-Problem hier ein anderes ist, wie denn die Aktionärsstruktur auch für die Corporate Governance von ausschlaggebender Bedeutung ist. Aber die External Study weist sehr zu Recht darauf hin, dass sich in Europa zwischen 1996 und 2006 die Aktionärsstruktur ganz erheblich in Richtung Streubesitz geändert hat, in Deutschland von 26 % zu 48 %, in Frankreich von 21 % zu 37 % und in Italien von 3 % zu 22 %, was die Bedeutung eines Verhinderungsverbot auch hier deutlich gesteigert hat.[321] Im übrigen kann das Verhinderungsverbot immer dann relevant werden, wenn der Kontrollblock gering ist oder wenn es mehrere Blockaktionäre gibt, die unter sich uneins sind.

(3) Folgerungen für Europa

Insgesamt erscheint danach für das europäische Übernahmerecht das britische Modell gegenüber dem managementzentrierten US-amerikanischen im Grundsatz überzeugender. Nicht von ungefähr hat es sich auch in vielen kontinentaleuropäischen Ländern schon vor der Übernahmerichtlinie und – wenngleich offen für das opt out der Mitgliedstaaten – dann auch in der Übernahmerichtlinie als das bessere Modell durchgesetzt.[322]

---

[319] Interest group analysis, Ferrarini/Miller, A Simple Theory of Takeover Regulation in the United State and Europe, 42 Cornell Int. L.J. 301 (2009) = Rivista delle Società 2010, 680.

[320] So aber Pacces (Fn. 124), p. 692 et s. and passim; differenzierter Ventoruzzo, Takeover Regulation as a Wolf in Sheep's Clothing: Taking U.K. Rules to Continental Europe, U. of Pennsylvania Journal of Business Law 11 (2008), 135.

[321] External Study (Fn. 4), p. 191; die Zahlen stammen von Davies et al. (Fn. 61), p. 122, bei diesen wiederum von Franks/Mayer/Volpin/Wagner, Evolution of Family Capitalism: A Comparative Study of France, Germany, Italy and the UK, EFA 2009 Bergen Meetings Paper, The Life Cycle of Family Ownership: International Evidence, available at http://ssrn.com/abstract=1102475

[322] Armour/Skeel (Fn. 25), 95 Geo. L. J. 1727 (2007) at 1794: strong prima facie

c) Ökonomische Streitfragen und Praxisbeobachtungen: Der Markt für Unternehmenskontrolle und die externe Corporate Governance

Dieser Rechtsvergleich läßt sich durch *ökonomische Überlegungen und Praxisbeobachtungen* ergänzen. Für die verschiedentlich vertretene These, dass die Beurteilung, ob Übernahmeangebote abgewehrt werden sollen oder nicht, allein Sache der Verwaltung sein sollte, werden im Wesentlichen drei miteinander zusammenhängende, ökonomische Argumente vorgebracht. (1) Die Aktionäre nähmen die Führung des Unternehmens aus guten Gründen nicht selbst wahr, sondern hätten sie einer professionellen Verwaltung übertragen.[323] Auch die Entscheidung, wie auf ein Übernahmeangebot am besten, d.h. im Interesse der Aktionäre und der Gesellschaft, reagiert werden solle, gehöre zur Führung des Unternehmens und sei Sache der Verwaltung. Diese habe dann ihre Entscheidung nach der business judgment rule zu treffen. (2) Speziell bei Übernahmeangeboten liege es im Interesse der Aktionäre, ein möglichst gutes Übernahmeangebot zu erhalten. Es gelte also, das ursprüngliche Übernahmeangebot durch Ablehnung weiter in die Höhe zu treiben. Dies könne nur die Verwaltung, die dabei im Interesse der Aktionäre handele. Dieses Argument wird auch im Hinblick auf die Interessenwaltung des Vorstands für die Arbeitnehmer gebraucht. (3) Die Hauptversammlung der Aktionäre sei gar nicht imstande, jedenfalls aber nicht rechtzeitig in der Lage zu beurteilen, ob es im Interesse der Aktionäre und der Gesellschaft liege, diese gegen das Übernahmeangebot zu verteidigen (collective action problem). (4) Diese ökonomischen Argumente werden mitunter durch vier Praxisbeobachtungen ergänzt, die auf eine Gefährdung der Zielgesellschaft hinweisen, umfängliche Verteidigungs- und Investor Relations-Maßnahmen im Vorfeld von Übernahmeangeboten feststellen, die neuere Praxis von fairness opinions und inadequacy

---

reasons for thinking that the UK regime may be superior to the US regime; at 82: the jugde-made US regime tends to be biased towards the interests of directors, auch auch ECGI Law Working Paper 73/2006, 83 et 82. Die Problematik verschärft sich noch bei Management Buy-outs, bei denen auf der Bieterseite Vorstands- oder Aufsichtsratsmitglieder der „auszukaufenden" Gesellschaft stehen, dazu Vicari, Conflicts of Interest of Target Company's Directors and Shareholders in Leveraged Buy-Outs, ECFR 2007, 346.

[323] Dazu allgemein Kraakman et al., Anatomy (Fn. 28), at 12 et s.: delegated management with a board structure.

opinions aufführen und mit dem Bestehen von Interessenkonflikten auch in anderen Fällen, etwa den Management Buy-outs, argumentieren.

Bei näherem Zusehen erweisen sich die Interessenlagen und Zusammenhänge jedoch als deutlich differenzierter. Ausschlaggebend ist aber vor allem (5) ein funktionierender Markt für Unternehmenskontrolle mit einem Motivations- und Kontrolleffekt für die Verwaltung (disciplining function).

(1) Kompetenz der Hauptversammlung in besonders wichtigen Entscheidungen

Zunächst ist es keineswegs so, dass der Verwaltung alle Entscheidungen in der Gesellschaft übertragen worden wären. Für die Aktionäre besonders wichtige Entscheidungen bleiben Sache der Aktionäre in der Hauptversammlung. Die Entscheidung darüber, ob ein Übernahmeangebot von vornherein abgewehrt werden soll, kann für die Gesellschaft grundlegend sein, geht doch bei Erfolg der Übernahme die Kontrolle (im übernahmerechtlichen Sinn) auf den Bieter über. Darüber, was Grundlagenentscheidungen sind, die der Hauptversammlung vorbehalten sind, gibt es in verschiedenen Rechtsordnungen sehr unterschiedliche Meinungen, die jeweils der Gesetzgeber verantworten muss. Dass die Entscheidung aus ökonomischer Sicht nur bei der Verwaltung liegen könne, widerlegt die langjährige, erfolgreiche Praxis im Vereinigten Königreich.

(2) Eigeninteresse der Verwaltung am Ausgang des Übernahmeverfahrens

Gewiss sind die Aktionäre daran interessiert, dass der Preis für die Übernahme weiter in die Höhe getrieben wird. Entscheidend dabei ist aber, dass die Verwaltung, wenn sie das Übernahmeangebot abwehrt, tatsächlich im Interesse der Aktionäre handelt. Das ist aber keinesfalls sicher, im Gegenteil hat die *Verwaltung* typischerweise ein erhebliches *Eigeninteresse* am Ausgang des Übernahmeverfahrens (*opportunistic behavior*). [324] Bei einer feindlichen Übernahme verliert sie, wenn die Übernahme gelingt, in aller Regel ihr Amt oder ist jedenfalls von dem neuen Kontrollaktionär abhängig. Dieses Eigeninteresse ist fundamental und läßt sich

[324] Schon oben I 1 a. Allgemeiner Seibt, Interessenkonflikte im Aufsichtsrat, Festschrift für Hopt (Fn. 98), Bd. 1, S. 1363.

auch durch eine Rechtspflicht, nur im Interesse der Aktionäre zu handeln, nicht sicher ausschalten, denn das hängt von Inhalt und Durchsetzung dieser Pflicht und den ganz unterschiedlichen aufsichtsbehördlichen und Gerichtssystemen ab.[325] Sicherer ist es, wenn wie in anderen gravierenden Interessenkonflikten die Entscheidung von dem Interessenten wegverlagert wird.

(3) Eigeninteresse der Verwaltung und Interessen der Arbeitnehmer

Dasselbe gilt ceteris paribus für die Interessenwaltung des Vorstands für die Arbeitnehmer, die bei dessen Verpflichtung auf das Unternehmensinteresse mit vorgesehen ist. Die Arbeitnehmer der Zielgesellschaft sind nach den Praxiserfahrungen mit Übernahmekämpfen ohnehin die besten Verbündeten des Vorstands,[326] da sie im Interesse des Erhalts der Arbeitsplätze Umstrukturierungen ablehnen, auch wenn diese für das Unternehmen und am Markt sinnvoll sind. Wenn die Eigeninteressen des Vorstands und der Arbeitnehmer jedoch tatsächlich einmal divergieren, dann gilt für die Interessenwaltung des Vorstand für die Arbeitnehmer dasselbe wie für die für die Aktionnäre. Das bedeutet: Es besteht eine starke Versuchung für den Vorstand, die Interessen beider, der Arbeitnehmer und der Aktionäre, nur insoweit wahrzunehmen, als sie sich mit denen des Vorstands decken.[327]

Auch der Hinweis auf die notwendige Nachhaltigkeit im Interesse des Unternehmens ist unbehelflich. Gewiss ist eine solche wünschenswert,[328] aber sie wird nicht dadurch erreicht, dass die Verwaltung ihr Eigeninte-

---

[325] Schon aus diesem Grund kann das amerikanische Modell, das entscheidend von der hohen Qualität der Delaware judiciary abhängt (oben IV 1 b (1), „judgemade") , selbst wenn es dem britischen überlegen sein sollte (was nach der hier vertretenen Ansicht nicht der Fall ist, IV 1 b (3) am Ende Fn. 322), nicht auf die 27 Mitgliedstaaten der EU übertragen werden. Zutr. Armour/Jacobs/Milhaupt (Fn. 315), 52 Harv. Int. L.J. (2011) 221 at 283: „even in highly developed legal systems". Das vernachlässigt Pacces (Fn. 132); siehe auch Fn. 142 und 501.

[326] Schon oben I 1 a.

[327] Bebchuk, The Case Against Board Veto in Corporate Takeovers, 69 University of Chicago Law Review 973 (2002) at 1021 et s. Das übersieht White (Fn. 25) at 799 et s. in seinem Plädoyer zugunsten der Arbeitnehmer. Zum Schutz der Arbeitnehmerinteressen schon oben I 1 b (2) Fn. 31 und 76.

[328] Hierzu wird gelegentlich vorgebracht, die Märkte seien nicht imstande, längerfristige Entwicklungen einzupreisen (angebliche hypobolic discounts). Vgl. Ruffner, Die ökonomischen Grundlagen eines Rechts der Publikumsgesellschaft: ein Beitrag zur Theorie der Corporate Governance, Zürich 2000, S. 383 ff.

resse am Verbleiben im Amt verfolgt,[329] sondern durch ein längerfristiges Engagement von Aktionären im Unternehmen. Dieses gilt es zu fördern.[330]

(4) Das collective action-Problem der Aktionäre

Richtig ist, dass es ein *collective action problem* der Aktionäre gibt.[331] Aber dieses Problem ist nicht unlösbar. Zeitlich muss gewiss ermöglicht werden, dass die Hauptversammlung überhaupt rechtzeitig zusammentreten kann. Das kann durch Verkürzung der Einberufungsfristen, wie auch in Art. 9 Abs. 4 der Richtlinie vorgesehen, ermöglicht werden. Auch für die notwendige Information kann gesorgt werden. Institutionelle Anleger und andere Blockaktionäre sind ohnehin in der Lage, sich in geeigneter Weise zu informieren. Die Angebotsunterlage mit ausführlichen, zwingend vorgeschriebenen Informationen (Art. 6)[332] gibt zusammen mit der ebenfalls zwingend vorgeschriebenen Stellungnahme der Verwaltung (Art. 9 Abs. 5) eine Entscheidungsgrundlage ab, zu der die Aktionäre in der Hauptversammlung kraft ihres Auskunftsrechts weiter nachfragen können. Bei funktionierenden Kapitalmärkten kommen vielfältige Marktinformationen und Informationsintermediäre hinzu.

---

[329] Ebenso Bebchuk (Fn. 327) at 1011 et s.

[330] Wymeersch (Fn. 271), S. 1582 ff.: „The search for stable shareholders". So auch die Europäische Kommission in ihrem Aktionsplan von 2012 (Fn. 5 und Text zu Fn. 277); dazu schon oben III 3 a beim acting in concert bei Fn. 271, auch unten IV 2 d bei Fn. 408.

[331] Näher schon oben I 1 b (3).

[332] Bei der oben genannten Umfrage hielt eine deutliche Mehrheit (82,2 %) das Informationsniveau der Angebotsunterlagen für angemessen, kritisiert wurde aber teilweise auch, dass die Informationen zum Teil unnötig für die Aktionärsentscheidung seien und die Angebotsunterlagen bei Barangeboten unangemessen komplex machen; Survey Report (Fn. 89) at 34; Expertenumfrage (Fn. 89), ZIP 2012, 1 (9). Angebotsunterlagen umfassen mittlerweile zum Teil über 100 Seiten, unter anderem wegen der Angaben nach § 2 Nr. 1 WpÜG-AV mit langen Listen über Tochterunternehmen, von Bülow (Fn. 13), S. 14 mit Angaben zur einschränkenden britischen Praxis, The Takeover Code, Note 4 zu rule 24.2: Nur solche verbundene Unternehmen, die zumindest mittelbar in das Angebotsverfahren einbezogen sind. Allgemeiner zur Rolle von Transparenz und disclosure im europäischen Recht Veil, Europäisches Kapitalmarktrecht (Fn. 194), §§ 12 ff. Zum information overload am Kapitalmarkt Möllers/Kernchen, ZGR 2011, 1.

(5) Praxisbeobachtungen

Die oben erwähnten *vier Praxisbeobachtungen* treffen zweifellos zu, stammen sie doch von einem besonders erfahrenen Übernahmepraktiker, der viele Zielgesellschaften beraten hat.[333] Sie ergänzen die Diskussion wesentlich, vermögen aber das Verhinderungsverbot nicht in Frage zu stellen.

Die Annahme, Zielgesellschaften seien besonders gefährdet, deshalb sei *Schutz vor Übernahmeangeboten* notwendig, überzeugt nicht. Gegen die zutreffenden Praxisprobleme, die sich aus cash settled equity swaps, irrevocable undertakings, bearhug letters und virtual bids ergeben, gibt es jeweils spezielle Reaktionsmöglichkeiten, die von Offenlegung wie bei den virtual bids[334] oder beim Anschleichen[335], Einbeziehungs- und Zurechnungsnormen wie bei den cash settled equity swaps, Verhaltenspflichten, Verboten und unterschiedlichen Sanktionen, etwa bezüglich der Stimmrechtsausübung, bis hin zu aufsichtsrechtlichen Schritten reichen. Das Verhinderungsverbot hat damit nichts zu tun. Wenn es fällt, werden die genannten Regelungsprobleme nicht wesentlich geringer. Eine andere Frage ist, ob die Veröffentlichung der Entscheidung zur Abgabe eines Angebots nach Art. 6 der Richtinie bzw. § 10 Abs. 1 WpÜG als Beginn des Verhinderungsverbots noch der richtige Zeitpunkt ist oder ob der Beginn vorverlagert werden müßte bzw. ob bestimmte Verteidigungsmaßnahmen auch prebid in die Regelung einbezogen werden sollten.

Wenn sodann auf die bereits erwähnten defense manuals der Zielgesellschaften und ihre zahlreichen *Verteidigungsmaßnahmen schon vor einem Übernahmeangebot (prebid defensive measures)*[336] einschließlich

[333] Seibt, Verhaltenspflichten und Handlungsoptionen der Leitungs- und Aufsichtsorgane in Übernahmesituationen, in: Mülbert u.a. (Fn. 13), S. 148 (153 ff.). Auch wenn im Folgenden der von Seibt geforderten „Readjustierung der Pflichtenbeschreibung von Vorstand und Aufsichtsrat" (S. 160) in Übernahmesituationen nicht zugestimmt werden kann und am übernahmerechtlichen Verhinderungsverbot festgehalten und insoweit eine business judgment rule abgelehnt wird, ist die Herausarbeitung von Verhaltenspflichten und Handlungsoptionen in den verschiedenen Phasen (prebid S. 174 ff., Übernahmephase S. 181 ff., postbid S. 186 ff.) durch Seibt doch sehr verdienstlich und kommt auch für die hier anders gesehene Übernahmephase in einer ganzen Reihe von Fällen der Ansicht des Verf. zumindest nahe.

[334] Unten V 1.

[335] Oben unter III 2 d.

[336] Die verbreitetsten sind nach der External Study (Fn. 4), p. 212: shareholders'

des *friendly stakebuilding* und die daraus für die Aktionäre entstehenden Gefahren hingewiesen wird, stellt das nicht nur die angebliche Schutzbedürftigkeit der Zielgesellschaften in Frage, sondern relativiert die Bedeutung des erst postbid eingreifenden Verhinderungsverbots und gibt Anlass zur Frage, wie Verteidigungsmaßnahmen und Übernahmehindernisse allgemeiner zu behandeln sind. Statt zu fordern, ein Verbot sei abzuschaffen, weil es nicht weit genug reiche, wäre richtiger zu fragen, wie weit das Verbot denn reichen solle.[337]

Völlig richtig ist die Beobachtung, dass die Unterscheidung zwischen *freundlichen und feindlichen Übernahmen* als Regelungsmerkmal nicht taugt. Sie taucht auch in den verschiedenen Übernahmerechten, soweit ersichtlich, nicht auf. Übernahmen werden oft erst als freundlich begonnen, als feindlich weitergeführt und realistisch dann wieder als freundlich durchgezogen,[338] die Zahl der tatsächlich als feindlich durchgezogenen Übernahmen ist sehr gering.[339] Dabei spielt die neuere, aus den USA und dem Vereinigten Königreich kommende, international verbreitete Praxis[340] von *fairness opinions und inadequacy opinions*, die in der Regel von Investmentbanken oder auf Corporate Finance spezialisierten Beratern erteilt werden, zu Recht eine zunehmend größere, zum Teil sogar, wie etwa in der Schweiz,[341] normierte Rolle.[342] Erstere sollen den fairen Preis der Zielgesellschaft ermitteln helfen, letztere loten darüber

agreements (75 %), voting rights ceilings (59 %), pyramid structures (53 %), cross-shareholdings (52 %) und multiple voting rights (50 %).

[337] Pointiert J. Winter, Conference of International Takeover Regulations, Vienna, 9.9.2011: „Emmenthaler break-through is ineffective, broaden scope".

[338] Interessanterweise sind die Kurseffekte bei feindlichen Übernahmen deutlich höher als bei freundlichen, Martynova/Renneboog (Fn. 8), European Financial Management 17 (2011), 208 at 211, 248.

[339] Definiert als Übernahmeangebot mit ablehnender oder das Übernahmeangebot als unaufgefordert bezeichnender Stellungnahme des board der Zielgesellschaft; Tabelle in CEPS External Study (Fn. 4), p. 297: 36 zwischen 2003 und 2006 und 49 von 2007 bis 2010. Auch Armour/Skeel (Fn. 25), at 1738, auch ECGI Law Working Paper 73/2006, p. 13: zwischen 1990 und 2005 in den USA 0,57 % und im Vereinigten Königreich 0,85 % aller angekündigten Übernahmeangebote, von diesen erfolgreich durchgeführt in den USA 24 %, im Vereinigten Königreich 43 %.

[340] External Study (Fn. 4), p. 113 mit Tabelle.

[341] Art. 30 Abs. 5 und 6 Übernahmeverordnung; der Dritte muss besonders befähigt und vom Anbieter, von der Zielgesellschaft und von den Personen acting in concert unabhängig sein; zur fairness opinion Gericke/Wiedmer (Fn. 208), Art. 30 Rn. 57 ff.

[342] Seibt, Verhaltenspflichten (Fn. 333), S. 154 f., 182 f.; ders., CFL 2011, 213

hinaus aus, bis wohin das Angebot des Bieters gesteigert werden könnte. Das bedeutet, dass sich im Einzelfall ein Übernahmeangebot zwar als fair, aber zugleich als inadäquat erweisen kann. Dass Vorstände solche opinions unter dem Druck des Kapitalmarkts zunehmend einholen, liegt durchaus im Interesse der Aktionäre, auch wenn man eine allgemeine Pflicht zur Einholung – von besonderen Ausnahmefällen abgesehen – nicht anerkennen wird.[343] Der Interessenkonflikt zwischen dem Aktionärs- und dem Eigeninteresse, in dem sich die Verwaltung befindet, wird dadurch zwar gemildert, aber nicht beseitigt, zumal solche opinions, zumal die inadequacy opinions, einen breiten Spielraum lassen können[344] und, da von der Verwaltung gegen Bezahlung in Auftrag gegeben, interessenkonfliktbehaftet sind. Fairness opinions und inadequacy opinions behalten im übrigen gerade auch bei Geltung des Verhinderungsverbots ihre Bedeutung, können die Stellungnahme der Verwaltung, auch eine solche gegen das Angebot, ergänzen und auf den Bieter einen den Aktionären willkommenen Druck zur Erhöhung des Angebots ausüben. Auf diese Weise können dann die Hauptversammlung über Abwehrmaßnahmen und gegebenenfalls später die Aktionäre über das Angebot informierter entscheiden.

Wenn als vierte Praxisbeobachtung auf die potentiellen *Risiken eines Management Buy Out* hingeweisen wird, kann dem nur zugestimmt werden. Management Buy Outs sind die krassesten Fälle von Interessenkonflikten zwischen der Verwaltung und den Aktionären. Hier muss die Rechtsordnung sicherstellen, dass die Aktionäre voll informiert und nicht über den Tisch gezogen werden. Maßnahmen gegen weniger krasse Fälle von Interessenkonflikten wie das Verhinderungsverbot werden dadurch nicht überflüssig.

(236f.). Vgl. aber Kisgen/Qian/Song, Are fairness opinions fair? The case of mergers and acquisitions, Journal of Financial Economics 91 (2009) 179.

343 Ebenda, S. 182/183; Fleischer, ZIP 2011, 201 (205ff.); Hopt, ZHR 166 (2002), 401 (420). Ebenso für die Schweiz Gericke/Wiedmer (Fn. 208), Art. 30 Rn. 60. Zur fairness opinion allgemeiner Fleischer, ZIP 2011, 201; Kossmann, NZG 2011, 46 (52f.); Georgieff/Weber, Fairness Opinions, Studien des DAI Heft 52, März 2012.

344 Inadäquanz soll schon dann vorliegen, wenn ein hinreichend identifizierter Dritter bei Anlegung vernünftiger Maßstäbe für die Aktionäre der Zielgesellschaft günstigere Angebotskonditionen gewähren könnte, Seibt (Fn. 333), S. 183; das öffnet dem Vorstand der Zielgesellschaft Tür und Tor.

(6) Der Markt für Unternehmenskontrolle und die externe Corporate Governance

Hinzu kommt schließlich noch ein weiterer Grund.[345] Der Markt für Unternehmenskontrolle wird ganz überwiegend als Faktor der externen Corporate Governance angesehen. Das heißt: Übernahmen spielen nicht nur eine Rolle bei der Allokation von Ressourcen mit der Folge, dass das Kapital zum richtigen Wirt geführt wird,[346] sondern können auch die Vorstände zu besserer Leistung für die Aktionäre anspornen (*disciplinary mechanism*).[347] Denn diese laufen bei nicht abgestimmten Übernah-

---

[345] Die Überlegungen zum Übernahmemarkt in IV I c (6) beruhen auf Hopt in Mülbert u.a. (Fn. 48), S. 50. Viele Einzelheiten sind umstritten, oben I 1 b (1) Fn. 20 ff.

[346] Der Erfahrung, dass sehr viele Übernahmen langfristig nicht reüssieren, steht auf der anderen Seite die Feststellung gegenüber, dass: „The average, value-weighted combined CAR" (cumulative average abnormal stock return) „to bidders and targets is positive and significant ...", Betton et al. (Fn. 20) at 115, 120; auch Martynova/Renneboog (Fn. 8), European Financial Management 17 (2011) 208 at 211, 248: „we find that *hostile takeovers* are expected to create value ...". Zu unterschiedlichen Erklärungen der langfristigen Effekte Martynova/Renneboog (Fn. 20) J. of Banking & Finance 32 (2008) 2148 at 2164, 2168; dazu schon oben Fn. 27.

[347] Grundlegend Fama/Jensen, Separation of Ownership and Control, J. of Law and Economics 26 (1983) No. 301; Gilson, Unocal Fifteen Years Later (and what we can do about it), 26 Delaware Journal of Corporate Law 491 (2001); Bebchuk (Fn. 327), University of Chicago Law Review 973 (2002) mit umfassender Sichtung der Argumente pro und contra; Gompers/Ishii/Metrick, Corporate Governance and Equity Prices, The Quarterly Journal of Economics 118 (2003) 107; Humphery-Jenner/Powell, Firm size, takeover profitability, and the effectiveness of the market for corporate control: Does the absence of anti-takeover provisions make a difference? Journal of Corporate Finance 17 (2011) 418; Humphery-Jenner, The impact of the EU takeover directive on takeover performance and empire building, Journal of Corporate Finance 18 No. 2 (2012) 254, abrufbar unter http://ssrn.com/abstract=1992888; Harford/Humphery-Jenner/Powell, The Sources of Value Destruction in Acquisitions by Entrenched Managers, Journal of Financial Economics 106 No. 2 / 2012) 247, abrufbar unter http://ssrn.com/abstract=1562247; vgl. auch Brook/Hendershott/Lee, Corporate governance and recent consolidation in the banking industry, Journal of Corporate Finance 6 (2000) 141: wenn unabhängige Direktoren Aktien der Zielgesellschaft besitzen, steigt die Akzeptanz von Übernahmeangeboten; auch A. Edmans/I. Goldstein/W. Jiang, The Real Effects of Financial Markets: The Impact of Prices on Takeovers, The Journal of Finance LXVII (2012) 933. Kurz CEPS External Study (Fn. 4), p. 274, 299 et s., 320 et s. Auch Davies/Hopt, Control Transactions (Fn. 39), p. 233 et s.: „the principal is protected by becoming the decision-maker". Vgl. aber auch differenzierend Sokolyk, The effects of antitakeover provisions on acquisition targets, Journal of Corporate Finance 17 (2011) 612;

men, vor allem bei feindlichen, ein erhebliches Risiko, vom erfolgreichen Bieter abgewählt zu werden.[348] Dieser Effekt, also ein externer Schutz vor eigennütziger Abwehr von Übernahmen durch das Management (*entrenchment*)[349], beruht auf der bloßen Möglichkeit solcher Übernahmen (*contestability*). In einem entrenchment index sind für die USA sechs Abwehrmechanismen zusammengestellt worden, für die empirisch negative Kursauswirkungen festgestellt werden konnten: „staggered boards, limits to shareholder bylaw amendments, poison pills, golden parachutes, and supermajority requirements for mergers and charter amendments."[350] Wenn gegen die entrenchment/contestability-These verschiedentlich eingewandt wird, Kapitalmärkte seien, wie zumal die Finanzkrise gezeigt habe, nicht effizient, und deshalb der disciplining effect angezweifelt wird,[351] ist das ein vorschneller Schluss. Die Theorie von der vollkommenen Effizienz von Kapitalmärkten (efficient capital market hypothesis, ECMH)[352] hat schon längst differenzierteren Vorstellungen vom Funktionieren der Kapitalmärkte weichen müssen.[353]

Goktan/Kieschnick, A target's perspective on the effects of ATPs in takeovers after recognizing its choice in the process, Journal of Corporate Finance 18 (2012) 1088.

[348] Zu den diesbezüglichen empirischen Befunden Betton et al. (Fn. 20) at 35 et s., 115 (summary 54). Zu dem diesbezüglichen principal agent conflict Davies/Hopt, Control Transactions (Fn. 39) at 233 et s.; institutionenökonomisch Koch, WM 2010, 1155; vgl. auch Eckbo, Introduction to Corporate Takeovers: Modern Empirical Developments, in: Eckbo (Fn. 20), S. XXIII, XLVII f.; Becht/Bolton/Röell, Corporate Law and Governance, in: Polinsky/Shavell, eds., Handbook of Law and Economics, Vol. 2, Elsevier 2007, p. 829 at 882 et s.

[349] Morck/Wolfenzon/Yeung, Corporate Governance, Economic Entrenchment, and Growth, Journal of Economic Literature XLIII (2005), 655, zu den entrenchment agency problems idem at 676 et s., zu den gesamtwirtschaftlichen Wirkungszusammenhängen idem at 702 et s.: „economic entrenchment".

[350] Bebchuk/Cohen/Ferrell, What Matters in Corporate Governance? Review of Financial Studies 22 (2009), 783, abrufbar unter http://papers.ssrn.com/abstract_id=593423 mit einem entrenchment index und negativen Kursauswirkungen.

[351] White (Fn. 25) at 793, 799; Ebke, ZVglRWiss 111 (2012), 1 (13) m. w. N. Vgl. auch Clarke, Where was the „Market for Corporate Control" when we Needed it?, December 17, 2009, abrufbar unter http://ssrn.com/abstract=1524785.

[352] Fama, Efficient Capital Markets: A Review of Theory and Empirical Work, 25 Journal of Finance 383 (1970); idem, Efficient Capital Markets: II, 46 Journal of Finance 1575 (1991).

[353] Vgl. schon Reul (Fn. 119), S. 138 ff.: Die Prämissen des Kontrollmarkt-Konzeptes; trotzdem S. 238 ff.: positive ökonomische Konsequenzen der Gleichbehandlung bei Kontrolltransaktionen. Auch Gilson/Kraakman, Market efficiency after the fall: Where do we stand following the financial crisis?, in: Hill/McDonnell, eds.,

Dass Märkte, auch Kapitalmärkte, nur begrenzt effizient sind, stellt ihre Funktion nicht grundsätzlich in Frage, wie unter dem Eindruck der Finanzkrise, oft verbunden mit der Hoffnung auf staatliche Regulierung, gerne behauptet wird. Richtig ist allerdings, dass tatsächlich auch gut geführte Unternehmen nicht vor Übernahmen gefeit sind, wie in Deutschland etwa der Fall Schering gezeigt hat; damit stellt sich die Aufgabe, räuberische Übernahmen (looting) zu verhindern, ohne versteckten Protektionismus zu betreiben. Eingewandt wird auch, um die contestability brauche man sich nicht zu sorgen, da großzügige Abfindungen an die alte Verwaltung schon für den Wechsel sorgen („How I Learned to Stop Worrying and Love the Pill")[354]. Jedoch bestätigt das gerade, dass die Verwaltungsmitglieder an ihrem Posten hängen und auf diese Weise mit dem Geld der Aktionäre „herausgekauft" werden. Ein ökonomischer Review-Artikel, der die empirischen Untersuchungen zum US-amerikanischen Übernahmemarkt von 1980 bis 2005 untersucht hat, hält fest,[355] dass die empirischen Befunde dafür sprechen, dass der Übernahmemarkt eine disziplinierende Funktion für das Management hat.[356] Der Altmeister des britischen Gesellschaftsrechts spricht von „a cheap and effective method of keeping management on their toes",[357] und einer der großen,

Research Handbook on the Economics of Corporate Law, Cheltenham et al. 2012, p. 456 et s.

[354] Kahan/Rock, How I Learned to Stop Worrying and Love the Pill: Adaptive Responses to Takeover Law, 69 U. of Chicago L. Rev. 871 (2002); Gordon (Fn. 17), p. 541 at 553 et s. Auch External Study (Fn. 4), p. 194 et s., dort auch zu den von der Europäischen Kommission empfohlenen festen Grenzen für Abfindungen an Verwaltungsmitglieder.

[355] Betton et al. (Fn. 20), at 35 et s., 115 (summary at 54); Lel and Miller, Does takeover activity cause managerial discipline? Evidence from international M&A laws, July 2012, available at http://ssrn.com/abstract=1730316: the market for corporate control works as a disciplinary mechanism in firms with weak governance. Disziplinierend, falls die Kapitalmärkte effizient sind, dagegen zweifelnd, wenn sie dies nicht sind, Wachter, Takeover Defense When Financial Markets Are (Only) Relatively Efficient, 151 U.Pa.L.Rev. 787 (2003) at 822 et s. Differenzierend für das Vereinigte Königreich Franks/Mayer/Renneboog, Who Disciplines Management in Poorly Performing Companies? Journal of Financial Intermediation 10 (2001), 209.

[356] Diese Funktion ist allerdings in den USA seit Einführung der kombinierten Verteidigung durch die poison pill und den staggered board nur noch subsidiär gegenüber der internen corporate governance (als „court of last resort" bezeichnet); Betton et al. (Fn. 20) at 54. Zur Auswirkung auf Anleihegläubiger Francis/Hasan/John/Waisman (Fn. 32).

[357] Davies in Gower and Davies (Fn. 139) at 28–76, p. 1102.

in law and economics verankerten US-amerikanischen Gesellschaftsrechtler – Jonathan Macey aus Yale – hat den Übernahmemarkt sogar als „the most effective corporate governance mechanism“ bezeichnet.[358] Diese disziplinierende Funktion, auch wenn sie ihrerseits begrenzt ist,[359] hat zwar durch die Verbesserungen bei der (internen) Corporate Governance in den letzten Jahrzehnten[360] und durch die größere Rolle, die institutionelle Anleger am Markt und, wenn auch noch sehr eingeschränkt, in den Hauptversammlungen spielen,[361] Unterstützung bekommen.[362] Aber wie die vielfältigen Reformbemühungen zur Rolle des Board und zur Aktivierung der institutionellen Anleger[363] zeigen, ist ein funktionierender Übernahmemarkt nach wie vor der effektivste Kontrollmechanismus.[364] Das Verhinderungsverbot stärkt diese disziplinierende Funktion zumindest tendenziell, weil es den eigeninteressierten Vorstand aus der aktiven Einmischung in die Entscheidung heraushält. Umgekehrt wird diese disziplinierende Funktion durch bloße allgemeine Verhaltenspflichten der Verwaltung bei Übernahmen tendenziell geschwächt, zumal wenn insoweit die business judgment rule mit ihrem breiten Ermessensspielraum gilt. Gewiss soll diese letztere nicht die Verfolgung von Eigeninteressen der Verwaltung decken,[365] aber wie will man das praktisch

[358] Macey, Corporate Governance, Princeton/Oxford 2008, p. 10, 118 et s., vgl. p. 50 table 3.1 zu wirksamen/unwirksamen Regelungsmechnismen. Vgl. auch Armour/Skeel (Fn. 25), 93 Geo.L.J. 1727 (2007).

[359] Nachweise zur ökonomischen Theorie bei Clarke, Articles 9 and 11 of the Takeover Directive (2004/25) and the Market for Corporate Control, (2006) J.B.L. 355 at 357 et s.; auch Davies, Introduction to Company Law, 2d ed., Oxford 2010, p. 213 et s.: „(T)he takeover threat may put a floor under board performance but may not do much to influence the level of performance above that floor.“

[360] Insbesondere was den Board angeht, dazu Hopt, ZHR 175 (2011), 444 (465 ff.). Zur Corporate Governance 2013 umfassend Fleckner/Hopt (Fn. 296) mit Generalbericht Hopt, p. 1–102 und 23 Länderberichten aus Europa, USA, Südamerika, Asien und Australien, p. 103–1092.

[361] Ebenda, ZHR 75 (2011), 444 (494 ff.).

[362] Wymeersch, Festschrift für Hommelhoff (Fn. 109), S. 1390 ff.

[363] Financial Reporting Council, The UK Stewardship Code, abrufbar unter www.frc.org.uk/corporate/investorgovernance.cfm; Financial Reporting Council, The UK Stewardship Code, London, July 2010; gegen Übertragung nach Deutschland Fleischer/Strothotte, AG 2011, 221; Fleischer, ZGR 2011, 155 (163 ff.).

[364] J. Winter, Conference of International Takeover Regulations, Vienna, 9. 9. 2011 mit dem Hinweis auf die Notwendigkeit des Wandels in den alten Industrien. Vgl. auch Wymeersch, Festschrift für Hommelhoff (Fn. 109), S. 1393: only of relative value, „takeover as a disciplining instrument of last resort“.

[365] So Seibt, Verhaltenspflichten (Fn. 333), S. 148 (160 ff.).

feststellen und, falls festgestellt, später verfolgen? Besonders relevant ist der weitere empirische Befund, dass bei grenzüberschreitenden Übernahmen tendenziell der weitergehende Anlegerschutz bzw. die bessere Corporate Governance sich durchsetzen.[366] Dass dies für einen offenen europäischen Markt für Übernahmen spricht, liegt auf der Hand. So werden denn auch die Grenzen, die die Richtlinie für Verteidigungsmaßnahmen setzt, als Beitrag zur Offenheit des Markts für Unternehmenskontrolle in der EU und zur Wettwerbsfähigkeit (competitiveness) des EU-Markts angesehen.[367]

d) Bestätigung des rechtsvergleichenden Befunds: Vorzugswürdigkeit des britischen Modells

Das *Ergebnis* dieses Rechtsvergleichs und der ökonomischen Betrachtung ist die Erkenntnis, dass es in der Frage nach dem Verhinderungsverbot und den unzulässigen bzw. noch zulässigen Verteidigungsmaßnahmen um Grundverständnisse und Folgeeinschätzungen geht, die offengelegt werden müssen,[368] aber nur bedingt in den Kategorien rechtspolitisch richtig oder unrichtig gemessen werden können. Die vorliegende Abhandlung neigt grundsätzlich dem britischen Modell zu. Maßgeblich dafür ist die Einschätzung des Prinzipal-Agenten-Konflikts zwischen den Aktionären und der Verwaltung, aber auch zwischen den Minderheitsaktionären und dem Mehrheitsaktionär. Diese können zwar die Interessen des Unternehmens wegen ihrer Sachkunde und ihres Engagements in der Gesellschaft für die (übrigen) Aktionäre besonders gut wahrnehmen, aber sie sind zugleich in dem Interessenkonflikt befangen, bei ihrem Handeln primär das Eigeninteresse am Erhalt ihres Amtes

[366] Martynova/Renneboog, Spillover of Corporate Governance Standards in Cross-Border Mergers and Acquisitions, J. of Corporate Finance 14 (2008), 200; Eckbo (Fn. 20), p. L; auch Bris/Brisley/Cabolis, Adopting Better Corporate Governance: Evidence from Cross-Border Mergers, J. of Corporate Finance 14 (2008), 224; Rossi/Volpin, Cross-Country Determinants of Mergers and Acquisitions, J. of Financial Economics 74 (2004), 277.

[367] External Study (Fn. 4), p. 209 et s. mit hohen Prozentsätzen. Dass die Arbeitnehmerseite eher für Verteidigungsmaßnahmen ist, wird dort ebenfalls belegt. Vgl. zur überwiegenden Zufriedenheit mit dem Statuts quo ebenda p. 211.

[368] Etwa ob jemand, der dazu Stellung bezieht, eher dem Lager von Bietern oder von Zielgesellschaften zugehört oder nahesteht. In den USA hat sich beispielsweise bei den auf Übernahmerecht spezialisierten Kanzleien und Investmentbanken sogar eine diesbezügliche Spezialisierung herausgebildet.

bzw. an ihrer Kontrollstellung zu verfolgen und nur, soweit es mit diesen Eigeninteressen zusammenfällt, das der (übrigen) Aktionäre. Das Verhinderungsverbot sorgt demgegenüber für eine Disziplinierung der Verwaltung[369] und ist damit ein besonders wichtiger Teil der externen Corporate Governance.[370] Von diesem Grundverständnis aus werden im folgenden das Verteitelungsverbot (unten IV 2) und die mitgliedstaatlichen Optionsrechte (unten IV 3) kurz gesichtet.

2. *Die Regelungen der Richtlinie*

a) Das Verhinderungsverbot als Modell der Richtlinie (Art. 9)

Dem britischen Vorbild der antifrustration rule (wie bereits erwähnt, auch board neutrality rule, BNR genannt) folgt auch die Richtlinie. *Art. 9* statuiert für das Leitungs- bzw. Verwaltungsorgan der Zielgesellschaft ein *Verhinderungsverbot*. Für Maßnahmen zur Abwehr eines erfolgten oder, insoweit optional, bevorstehenden Übernahmeangebots ist grundsätzlich die Hauptversammlung der Aktionäre zuständig. Das ist in 19 Mitgliedstaaten geltendes Recht, darunter vor allem im Vereinigten Königreich, aber z.B. auch in Österreich, Frankreich, Italien und Spanien.[371] Der Grundsatz der Zuständigkeit der Hauptversammlung ist eindeutig und kann auch nicht unter Hinweis auf tatsächlich oder vermeintlich bestehende Ausnahmen, etwa der Suche nach konkurrierenden Angeboten gemäß Art. 9 Abs. 2,[372] und auf das Optionsregime des Art. 12[373] entkräftet werden. Auch der Hinweis auf das allgemeine Aktienrecht und die dort getroffenen Regelungen zu den Unternehmenszielen

---

369 Oben IV1 c (6).

370 Macey, Corporate Governance, Princeton/Oxford 2008, p. 18, 118 et s. bezeichnet die Wirkung des Marktes für Unternehmenskontrolle sogar als „the most effective corporate governance mechanism", vgl. p. 50 table 3.1 zu wirksamen/unwirksamen Mechanismen. Dies kommt bei Seibt, Verhaltenspflichten (Fn. 333), S. 148 (150 f.) zu kurz. Zum angeblichen Bias eines nicht neutralen Übernahmerechts ausführlich schon oben II 2 b.

371 Aufzählung im Anwendungsbericht der Kommission (Fn. 3), 2 Nr. 7. Vgl. auch External Study (Fn. 4), p. 191 mit geringerer Anzahl, was sich daraus erklärt, dass in die Studie nicht alle Mitgliedstaaten einbezogen waren (15 von 22, davon bei 11 schon vor der Richtlinie). Vgl. z.B. schon vor der Richtlinie für Österreich Winner, Die Zielgesellschaft in der feindlichen Übernahme, Wien 2002, S. 82 ff.

372 Dazu unten IV 2 b (2).

373 Dazu unten IV 3.

und zur business judgment rule fruchten nichts. Art. 9 geht vor, außer wenn ein Mitgliedstaat nach Art. 12 aus Art. 9 herausoptiert hat. Dieses Optionsrecht der Mitgliedstaaten ist jedoch, wie die Gesetzeshistorie zeigt, ein mühsam erreichter politischer Kompromiss, der auf die Intervention von Lobbyisten – konkret unter anderem der Volkwagen AG bei Bundeskanzler Schröder und aus Schweden Wallenberg bei anderen Mitgliedstaaten[374] – und die unerwartete Kehrtwendung von Schröder zurückgeht. Was die Richtlinie rechtspolitisch für richtig hält, geht aus Art. 9 eindeutig hervor. Andernfalls hätte der Grundsatz von Art. 9 selbst verwässert werden müssen, wie das dann in Ausübung des Optionsrechts durch einzelne Mitgliedstaaten, darunter Deutschland, geschehen ist.[375]

b) Eingrenzungen

Das Verhinderungsverbot des Art. 9 ist allerdings verschiedentlich eingegrenzt.

(1) Keine Geltung des Verhinderungsverbots zeitlich vor einem Übernahmeangebot (prebid)

Zunächst gilt es nicht für Verteidigungsmaßnahmen, die schon vor einem Übernahmeangebot getroffen worden sind, sondern erst ab Erhalt der Angebotsunterlage durch den Bieter.[376] In der Praxis spielen vor allem die ersteren (prebid defensive measures) eine Rolle, während die Bedeutung der letzteren demgegenüber offenbar stark zurücktritt.[377] Dass nicht auch die ersteren von der Richtlinie nicht erfasst sind, hat seinen Grund darin, dass sonst die Manövrierfähigkeit des Vorstands zu

---

[374] Zum „Automobilkanzler" Schröder Hopt, La treizième directive sur les OPA-OPE et le droit allemand, in: Mélanges Guyon, Aspects actuels du droit des affaires, Paris 2003, p. 529, 537 et s.

[375] A. A. Seibt, Verhaltenspflichten (Fn. 333), S. 151 ff.

[376] Art. 9 Abs. 2 Unterabsatz 2 Satz 2 erlaubt den Mitgliedstaaten, einen früheren Zeitpunkt festzusetzen, beispielsweise wenn das Leitungs- bzw. Verwaltungsorgan der Zielgesellschaft feststellt, dass die Abgabe des Angebots unmittelbar bevorsteht. So The Takeover Code Rule 21.1 (2011): „if the board of the offeree company has reason to believe that a bona fide offer might be imminent". §§ 33, 33a WpÜG belassen es bei dem allgemeinen Zeitrahmen, der fix ist und auch nicht analog ausgedehnt werden kann, Seibt, Verhaltenspflichten (Fn. 333), S. 162 m. w. N.

[377] External Study (Fn. 4), p. 43.

sehr eingeschränkt wäre, denn viele geschäftliche Entscheidungen haben Rückwirkungen auf eine größere oder geringere Wahrscheinlichkeit eines späteren Übernahmeangebots. Die beste Verteidigung gegen (feindliche) Übernahmeangebote sind bekanntlich hohe Kurse, die den Bieter so viel kosten, dass er von Übernahmeabsichten Abstand nehmen muss. Die Richtlinie zieht hier eine klare Grenze zwischen pre-bid und post-bid und lässt damit den Unternehmen weite Freiheit, sich gegen unerwünschte Übernahmeangebote bereits vor dem Ernstfall zu wappnen. Die Meinung, das Verhinderungsverbot mache die Unternehmen schutzlos gegen Übernahmen, hält der Realität nicht stand. Tatsächlich ist es vielmehr so, dass heute die meisten gut geführten Unternehmen sich rechtzeitig überlegen, wie sie auf mögliche feindliche Übernahmen reagieren wollen, und dazu, oft unter fachkundiger Beratung erstellt, ein defense manual vorhalten.[378] Der jüngst wieder vorgetragenen Ansicht, das Verhinderungsverbot sei trivial, da es ohnehin nicht zu relevanten Verteidigungen gegen den Willen der Aktionäre komme, ist bereits an anderer Stelle widersprochen worden.[379]

(2) Maßnahmen innerhalb des normalen Geschäftsverlaufs und Suche nach konkurrierenden Angeboten (white knights)

Keine echte Ausnahmen von diesem so eingegrenzten Verhinderungsverbot sind drei in der Richtlinie angesprochene Fallkonstellationen. Das gilt zunächst selbstverständlich für solche Maßnahmen, die *innerhalb des normalen Geschäftsverlaufs* gefasst wurden (Art. 9 Abs. 3). Das gilt weiter für die *Suche nach konkurrierenden Angeboten*,[380] also nach einem weißen Ritter, was offenbar häufig vorkommt.[381] Zwar spricht

[378] Schon oben IV 1 c (5).

[379] Hopt (Fn. 48), S. 53 f. gegen Gerner-Beuerle/Kershaw/Solinas, Is the Board Neutrality Rule Trivial? Amnesia About Corporate Law in European Takeover Regulation, LSE Law, Society and Economy Working Papers 3/2011; auch Kershaw, The Illusion of Importance: Reconsidering the UK's Takeover Defence Prohibition, 56 International & Comparative Law Quarterly 267 (2007). Gegen bloße Trivialität auch CEPS External Study (Fn. 4), p. 300.

[380] Zu den konkurrierenden Angeboten Kemperink/Stuyck, The Thirteenth Company Law Directive and Competing Bids, Common Market Law Review 45 (2008), 93; Bachmann, Konkurrierende Angebote, in: Mülbert ua. (Fn. 13), S. 191; dazu dass sie in Deutschland selten sind, ebenda, S. 192.

[381] Unter den post-bid defences mit Abstand (82 %) am häufigsten genannt, External Study (Fn. 4), p. 213. Tabellen in CEPS External Study (Fn. 4), p. 296.

hier die Richtlinie in Art. 9 Abs. 2 selbst von einer Ausnahme, aber das ist rein redaktionell bedingt. Die Suche nach konkurrierenden Angeboten liegt im Interesse der Aktionäre, ein noch besseres Angebot zu erhalten, das Eigeninteresse des Vorstands, das das Verhinderungsverbot ausschalten will, ist dabei gerade nicht betroffen. Die Frage ist hier umgekehrt, ob dem Vorstand nicht sogar eine Pflicht zur Suche nach einem weißen Ritter obliegt. Das wird man zwar ebensowenig wie im Vereinigten Königreich[382] sagen können. Ausnahmeweise anders kann es aber sein, wenn konkrete Anhaltspunkte für ein besseres Angebot durch einen konkreten Bieterinteressenten bestehen.[383] Auch stellt sich die weitere Frage, inwieweit konkurrierende Bieter im Interesse eines für die Aktionäre vorteilhaften Wettbewerbs bei den Informationen, die die Zielgesellschaft dem Erstbieter gewährt hat, gleich behandelt werden müssen, wie das etwa der UK Takeover Code vorsieht.[384]

(3) Abgabe einer mit Gründen versehenen Stellungnahme durch den board bzw. Vorstand und Aufsichtsrat (Art. 9 Abs. 5)

Vor allem ist auch die in Art. 9 Abs. 5 vorgesehene Pflicht des Leitungs- bzw. Verwaltungsorgans der Zielgesellschaft – nach § 27 WpÜG des Vorstands und des Aufsichtsrats –, zu dem Angebot eine mit Gründen versehene Stellungnahme abzugeben, keine Ausnahme von dem Verhinderungsverbot. Diese Stellungnahme ist eine der wichtigsten Faktoren für den Erfolg oder Misserfolg des Übernahmeangebots.[385] Mit dieser Stellungnahme, die unter anderem auf die Auswirkungen des Angebots auf die Interessen der Gesellschaft, also der Aktionäre und der anderen

---

[382] Gower and Davies (Fn. 139) at 28–34, p. 1051 et s.

[383] Ähnlich Seibt, Verhaltenspflichten (Fn. 333), S. 180.

[384] The Takeover Code Rule 20.2; Hopt, ZGR 2002, 333 (358); kurz auch External Study (Fn. 4), p. 99.

[385] Clarke (Fn. 94), (2011) EBLR 517 at 529: sogar „the most important variable" unter Hinweise auf empirische Studien; ebenso Vetter, Interessenkonflikte im Aufsichtsrat der Zielgesellschaft bei der Abgabe der Stellungnahme nach § 27 WpÜG, Festschrift für Hopt (Fn. 98), Bd. 2, S. 2657 (2660 f., 2676), mit Rechtsvergleichung (S. 2664 f.). Bemerkenswert ist die Klarstellung in den 2011 Amendments zum Takeover Code (Fn. 409 und 451), dort neue Note 1 on Rule 25.2, dass der board der Zielgesellschaft nicht gehalten ist, bei seiner Stellungnahme nur den Preis als entscheidenden Faktor zu berücksichtigen, sondern frei ist, welche Gesichtspunkte er berücksichtigen will. Dazu The Takeover Panel Code Committee, 26. 11. 2012 (Fn. 412), paragraph 4.

Stakeholder, insbesondere auch der Arbeitnehmer,[386] eingehen muss, tragen der Vorstand und der Aufsichtsrat nur ihrer ureigensten Aufgabe Rechnung, im Interesse der Aktionäre und der Gesellschaft zu handeln. Sie können, ja müssen sogar in dieser Stellungnahme sagen, wie sie selbst das Angebot beurteilen und gegebenenfalls warum sie nichts von ihm halten, und ob sie den Aktionären empfehlen, es anzunehmen oder es nicht anzunehmen. Die Stellungnahme muss ihrer wahren Beurteilung zum Zeitpunkt der Abgabe entsprechen. Damit unvereinbar sind grundsätzlich bindende Vereinbarungen über den Inhalt der Stellungnahmen.[387] All das dient der Klärung der Argumente pro und contra und stellt ein Gegengewicht zu der Angebotsunterlage und der Werbung des Bieters dar. Diese Information ihrer eigenen Sachwalter benötigen die Aktionäre, um im Kampf der Meinungen eine sachgerechte Entscheidung zu treffen. Rechtspolitisch sind dazu allerdings die britische und die italienische Vorschrift bedenkenswert, wonach die unabhängigen Direktoren eine separate Stellungnahme abgeben müssen.[388] Nach deutschem Recht ist eine separate Stellungnahme von Vorstand und Aufsichtsrat nicht vorgeschrieben, sie ist aber möglich und kommt in der Praxis gelegentlich vor.[389] Auch in der Schweiz muss der Verwaltungsrat

---

[386] Nach Art. 9 Abs. 5 Satz 1 muss die Stellungnahme auch auf „die voraussichtlichen Auswirkungen auf Arbeitsplätze und Standorte, wie in der Angebotsunterlage nach Artikel 6 Absatz 3 Buchstabe i) dargelegt, eingeh(en)." Eine insoweit vergleichbare Regelung findet sich in den Nicht-EU-Mitgliedstaaten typischerweise nicht, External Study (Fn. 4), p. 37, 101. Vgl. auch Art. 3 Abs. 1 lit. b: Beratung auch über die Auswirkungen „auf die Beschäftigung, die Beschäftigungsbedingungen und die Standorte der Gesellschaft"; Zugänglichmachung an die Arbeitnehmervertreter nach Art. 6 Abs. 2 Satz 3, 8 Abs. 2.

[387] Schall, BCA/Investorenvereinbarungen, in: Kaemmerer/Veil (Fn. 9) unter III.7; von Falkenhausen in der Diskussion in Mülbert u. a. (Fn. 13), S. 190. Grundsätzlich ebenso, aber zulässig bei vertraglichen „fiduciary out"-Klausel, Fleischer, ZHR 172 (2008), 538 (558 ff.); zulässig bleiben „no shop"-Vereinbarungen, wonach der Vorstand nicht aktiv nach einem weißen Ritter zu suchen verspricht. Großzügiger Seibt/Wunsch, Der Konzern 2009, 195. Allgemeiner Reichert/Ott, Investorenvereinbarung mit der Zielgesellschaft – Möglichkeiten und Grenzen der Einflussnahme auf Gesellschaftsorgane, Festschrift für Goette, München 2011, S. 397.

[388] Rule 25.1 des City Code mit Note 3; für Italien Regolamento emittenti (Fn. 263) Art. 39-bis (Parere degli amministratori indipendenti); Hopt (Fn. 43), S. 66. Zu den im Vereinigten Königreich vorgesehenen eigenen Stellungnahmen der Arbeitnehmervertreter oben Fn. 31.

[389] Seibt, CFL 2011, 213 (236 m. w. N.).

der Zielgesellschaft einen Bericht abgeben, der eingehend geregelt ist.[390] So ist ausdrücklich vorgeschrieben, dass er bei wesentlichen Entwicklungen zu ergänzen ist, bei Prognosen die zugrundeliegenden wesentlichen Annahmen darzulegen sind und der Bericht alle wesentlichen Elemente darlegen muss, welche die Stellungnahme beeinflusst haben, und das Abstimmungsverhältnis anzugeben hat. Eine Pflicht, eine fairness opionion einzuholen, besteht grundsätzlich nicht; anders aber nach Ansicht der Übernahmekommission, wenn weniger als zwei Verwaltungsratsmitglieder der Zielgesellschaft unabhängig sind.[391] Für schuldhaft verursachten Schaden haftet der Verwaltungsrat den Investoren gegenüber.[392] Aber auch soweit keine unabhängigen Direktoren vorgesehen sind und es an einer Regelung wie der italienischen oder schweizerischen fehlt, müssen eventuelle Interessenkonflikte einschließlich der Zusagen von Weiterbeschäftigung in der Stellungnahme offengelegt werden, und auf eigene Annahmeabsichten der Verwaltungsmitglieder ist unter Namensnennung einzugehen.[393] Abweichende Stellungnahmen einzelnder Verwaltungsmitglieder sind zulässig, auf sie ist in der gemeinsamen Stellungnahme jedenfalls hinzuweisen.[394] Sind sie ausformuliert, sind sie im Rahmen der Stellungnahme entsprechend der britischen Praxis mit zu veröffentlichen.[395]

c) Die Durchbruchsregelung (Art. 11)

Die Durchbruchsregelung in Art. 11 der Richtlinie (breakthrough, BTR)[396] richtet sich gegen ausgewählte, besonders wichtige Übernahme-

---

[390] Art. 30 Übernahmeverordnung, Gericke/Wiedmer (Fn. 208), Art. 30.

[391] Empfehlungen der Übernahmekommission in Sachen Scintilla AG, 30. 6. 2004, Bon appétit Group AG, 13. 9. 2004; Gericke/Wiedmer (Fn. 208), Art. 30 Rn. 60.

[392] Gericke/Wiedmer (Fn. 208), Art. 30 Rn. 82 m. w. N. Vgl. demgegenüber die Unsicherheiten unter deutschem Recht, Hopt, ZGR 2002, 333 (355 f.); für eine auf grobe Fahrlässigkeit beschränkte Prospekthaftung KöKoWpÜG/Hirte (Fn. 18), § 27 Rn. 27 f.

[393] Seibt, CFL 2011, 213 (236).

[394] In Belgien muss auf die unterschiedlichen Meinungen unter besonderem Hinweis darauf, ob sie von unabhängigen Direktoren oder anderen stammen, hingewiesen werden, Fyon, La réforme du droit des offres publiques d'acquisition, 1ère partie, Forum Financier/Droit bancaire et financier 2007/IV, 242 (266 et s., 268).

[395] Rule 25.1 des City Code mit Note 2: Split board; Hopt, ZGR 2002, 333 (354 f.); Fleischer/Schmolke, DB 2007, 95 ff.; aA Seibt, Verhaltenspflichten (Rn. 331), S. 182.

[396] Zur parallelen Abkürzung BNR oben Fn. 292. Ausführliche Schilderung der

hindernisse: Beschränkungen in Bezug auf die Übertragung von Wertpapieren auf Grund von Satzungsklauseln oder Vertragsbestimmungen, ebenfalls darauf beruhende Stimmrechtsbeschränkungen sowie Mehrfachstimmrechte und satzungsmäßige Sonderrechte der Gesellschafter zur Ernennung oder Abberufung der Mitglieder des Leitungs- bzw. Verwaltungsorgans. Wenn der Bieter nach einem Angebot über 75 % oder mehr des stimmberechtigten Kapitals verfügt, können diese Beschränkungen in der ersten Hauptversammlung der Aktionäre nach Angebotsschluss gegen angemessene Entschädigung[397] durchbrochen werden. Dieses Durchbruchsrecht des Art. 11, im deutschen Text der Richtlinie mißverständlich als „Durchgriff" bezeichnet, ist wie das Verhinderungsverbot des Art. 9 zwar als die sachgerechte Regelung konzipiert, aber im Zuge des Kompromisses dem Options-Regime des Art. 12 unterstellt worden. Die Durchbruchsregelung ist von Ökonomen angegriffen worden,[398] sie hat auch bei den Mitgliedstaaten keinen Anklang gefunden und ist in den Nicht-EU-Mitgliedstaaten, die die External Study untersucht hat, unbekannt[399]. Mit Ausnahme von Estland, Lettland und Litauen (und 2012 offenbar Spanien) haben die Mitgliedstaaten herausoptiert.[400] Immerhin bestehen in einzelnen Mitgliedstaaten Grenzen für Mehrstimmrechte und Stimmrechtsbeschränkungen.[401] Dass es zu freiwilligen Opt in-Beschlüssen der Hauptversammlung von Gesellschaften nach Art. 12 Abs. 2 gekommen ist, ist nicht bekannt und angesichts der dort aufge-

---

breakthrough rule und der durch sie nicht erfaßten Hindernisse bei Wouters/van Hooghten/Bruyneel (Fn. 51) at 49 et s.; Harbarth, ZGR 2007, 37.

[397] Zu näheren Regelungen in einzelnen Mitgliedstaaten External Study (Fn. 4), p. 42 et s.; zu den Schwierigkeiten dabei CEPS External Study (Fn. 4), p. 311 et s., auch Wouters/van Hooghten/Bruyneel (Fn. 51) at 58 et s.

[398] Z.B. Berglöf/Burkart, European Takeover Regulation, Economic Policy 36 (2003), 173 at 198 et s.; Coates IV, The Proposed „Break-Through" Rule, in: Ferrarini/Hopt/Winter/Wymeersch (Fn. 17), p. 677; Hertig/MacCahery, Company and Takeover Law Reforms in Europe: Misguided Harmonization Efforts or Regulatory Competition, (2003) 4 EBOR 179. Vgl. auch Bennedsen/Meisner Nielsen, The Impact of a Break-Through Rule on European Firms, European Journal of Law and Economics 17 (2004), 259, mit Befürchtungen, die sich nicht bewahrheitet haben; ferner Mülbert, Make It or Break It: The Break-Through Rule as a Break-Through for the European Takeover Directive, in: Ferrarini/Hopt/Winter/Wymeersch (Fn. 17), 711 at 718 et s.; berichtend Clarke (Fn. 359), (2006) J.B.L. 355 at 365 et s.

[399] External Study (Fn. 4), p. 43.

[400] Anwendungsbericht der Kommission (Fn. 3) 2 Nr. 7. Dagegen noch External Study (Fn. 4), p. 195: nur Estland.

[401] § 12 AktG; zu Frankreich und Italien External Study (Fn. 4), p. 42, 195.

stellten Hürden auch unwahrscheinlich.[402] Solange es bei dem bisherigen Art. 12, also dem Opt out-Recht der Mitgliedstaaten verbunden mit dem Opt in-Recht der Aktionäre bleibt,[403] steht die Durchbruchsregelung auf dem Papier.

d) Verteidigungsmaßnahmen und Übernahmehindernisse (control enhancing measures, CEM)

Die Durchbruchsregel ist wie gesagt ein vorsichtiger Versuch, die Wirkung bestimmter, besonders gravierender Beschränkungen von Übernahmen zu reduzieren.[404] Sie ist damit Teil der weit größeren Frage, wie regulatorisch allgemeiner mit den Verteidigungsmaßnahmen und Übernahmehindernissen (control enhancing mechanisms oder kurz CEM) umgegangen werden sollte.[405] Das ist jedoch ein weites Feld, das hier nicht näher behandelt werden kann. Es ist ökonomisch hoch streitig und – politisch unklug und, wie zu erwarten, vergeblich – von dem früheren Kommissar McCreevy unter dem Stichwort *„one share one vote"* *(OSOV)* angegangen worden. Die Untersuchungen und Stellungnahmen dazu sind Legion.[406] Ein generelles Verbot von derartigen Beschränkungen kommt angesichts ihrer Vielzahl, ihrer ganz unterschiedlichen Einbettungen und Wirkungszusammenhänge und ihrer verschiedenen

---

[402] Dazu schon Zwischenbericht der Kommission (Fn. 60), p. 7 et s. Vgl. auch External Study (Fn. 4), p. 42, 195.

[403] Zum Reformvorschlag von Davies et al. (Fn. 61) unten IV 3 c.

[404] Die Kritik von CEPS External Study (Fn. 4), p. 309 et s., die breakthrough rule sei zu weit und zu eng, ist deswegen zwar zutreffend, aber wohlfeil.

[405] Einen Überblick über die die zahlreichen Übernahmehindernisse findet sich in The High Level Group of Company Law Experts (Fn. 304), Annex 4; auch in: Ferrarini/Hopt/Winter/Wymeersch (Fn. 17), Annex 2, p. 825 (Annex 4, p. 902 et s.). Auch CEPS External Study (Fn. 4), p. 305 et s., zu ihrem Vorkommen in den verschiedenen Mitgliedstaaten ebenda, Tabelle p. 308 et s. Die Klassifizierung nach value-enhancing, value-destructive und value-neutral, wie in External Study (Fn. 4), p. 185 et s., ist zugegebenermaßen problematisch.

[406] Siehe nur European Commission, Institutional Shareholder Services ISS, Shearman & Sterling, European Corporate Governance Institute ECGI, Report on the Proportionality Principle in the European Union (18 May 2007); Burkhart/Lee, One Share – One Vote: The Theory, Review of Finance 12 (2008), 1–49; Adams/Ferreira, One Share – One Vote: The Empirical Evidence, Review of Finance, 12 (2008), No. 1, 51–91; Geens/Clottens, One Share One Vote: Fairness, Efficiency and EU Harmonisation Revisited, in: Geens/Hopt, eds., The European Company Law Action Plan Revisited, Leuven 2010, p. 145; Burkart/Gromb/Mueller/Panunzi 2011 (Fn. 143).

Bedeutung bei unterschiedlichen Aktionärsstrukturen und anderen Gegebenheiten in den einzelnen Mitgliedstaaten nicht in Frage. Das gilt erst recht für allgemeinere Übernahmehindernisse wie Überkreuzverflechtungen, Pyramidenstrukturen, Mitbestimmung u.a. Das schließt jedoch bestimmte Maßnahmen speziell gegen einzelne übernahmehindernde Maßnahmen nicht aus, vor allem solche, die zur vollen Abschirmung der Verwaltung führen, sowie die gezielt eingesetzte Trennung von Stimmrechten und Aktieninhaberschaft (*empty voting*).[407] Auch bietet sich ein strengeres Transparenzregime hinsichtlich derartiger Beschränkungen an. Dabei ist auch zu berücksichtigen, dass die Gesellschaften ein berechtigtes Interesse an nicht nur kurzfristig engagierten Aktionären haben.[408] Unabhängig von diesen rechtspolitischen Überlegungen ist es sinnvoll, die Pflichten des Vorstands prebid genauer zu umreissen.[409] Dass sich die External Study mit diesen zentralen Fragen nur sehr kursorisch auseinandersetzt,[410] ist in der Sache enttäuschend und verfehlt auch den Auftrag von Art. 20 Abs. 1 Satz 2. Selbst wenn hier ein Eingreifen der Kommission politisch nicht opportun erscheint, ist damit eine wichtige Chance verspielt worden, über diese Hindernisse mehr zu erfahren, um auf dieser Grundlage eine sachgerechte Entscheidung für oder gegen regulatorische Maßnahmen zu treffen.

---

[407] Nachweise bei Hopt (Fn. 60), p. 373 at 393 et s.; zum empty voting einführend Wymeersch (Fn. 271), Bd. 1, S. 1565 (1571 ff.), zu one share one vote, ebenda S. 1576 ff.

[408] Wymeersch, ebenda, S. 1582 ff., und schon oben bei Fn. 271 und Fn. 330.

[409] Dazu ausführlich Seibt, Verhaltenspflichten (Fn. 333), S. 174 ff.; change of control-Vertragsklauseln in wesentlichen Verträgen hält er zu Recht nur ausnahmsweise für zulässig; auch Schall (Fn. 387) unter I.2.b. Zur strittigen Frage der Gleichbehandlung von Bieterinteressenten ablehnend Seibt, ebenda, S. 178 m.w.N., Schiessl, Pflicht zur Gleichbehandlung konkurrierender Übernahmeinteressenten bei der Diligence?, Festschrift für Hopt (Fn. 98), Bd. 2, S. 2455, von Falkenhausen, Gleichbehandlung der Bieter, in: Veil (Fn. 27), S. 93 (104 ff.); befürwortend dagegen Hopt, ZGR 2002, 333 (358); KöKoWpÜG/Hirte (Fn. 18), § 33 Rn. 77, ebenso The Takeover Code Rule 20.2; zuletzt The Takeover Panel Code Committee, Review of the 2011 Amendments to the Takeover Code, 212/8, 26.11. 2012; vermittelnd Schweitzer, Due Diligence und der Markt für Unternehmensbeteiligungen, in: Baum/Fleckner/Hellgardt/Roth, Hrsg., Perspektiven des Wirtschaftsrechts, Beiträge für Hopt, Berlin 2008, S. 263 (283 ff.). Zur Weitergabe von Informationen über das Erwerbsinteresse eines potentiellen Bieters trotz der Insiderhandelsverbote Seibt, ebenda, S. 178 f. Zu Insiderfragen schon oben Fn. 93.

[410] Die External Study (Fn. 4), p. 197 et s. 267 et s.

e) Maßnahmen zur Transaktionsabsicherung (deal protection measures)

Ein spezielles, hier nicht zu vertiefendes Problem stellen die verschiedenen Maßnahmen zur Transaktionsabsicherung (deal protection measures) dar. Diese können sehr verschiedener Art sein wie Maßnahmen zur Erlangung eines Aktienvorbesitzes, z. B. call options, irrevocable undertakings und cash-settled equity swaps, oder Vorfeldvereinbarungen, z. B. business combination agreements, inducement fees, no-shop oder no-solicitation clauses, break fees, restricted due diligence undertakings, investment agreements und andere mehr.[411] Im Vereinigten Königreich gilt nach der jüngsten Reform des Takeover Code künftig ein generelles Verbot für die Zielgesellschaft und den Bieter und alle Personen, die als mit einem von diesen zusammengehörig angesehen werden (acting in concert), eine den Bieter absicherende Investorenvereinbarung abzuschließen (inducement fee or other offer-related arrangements, ausgenommen inducement fee für einen white knight) außer mit Zustimmung des Takeover Panel.[412] Begrenzte Ausnahmen betreffen Zusagen an white knights bis zu 1 % des Werts der Zielgesellschaft, public auctions und Sanierungsfälle (serious financial distress). Erlaubt bleiben unter anderem Geheimhaltungsklauseln (nondisclosure agreements, NDAs), Nichtabwerbezusagen für Angestellte, Unterstützungszusagen bei behördlichen Genehmigungen und beim Bieter reverse break fees und standstill agree-

[411] Ausführlich Seibt, CFL 2011, 213 (218 ff.); Reichert/Ott, Investorenvereinbarung mit der Zielgesellschaft – Möglichkeiten und Grenzen der Einflussnahme auf Gesellschaftsorgane, Festschrift für Goette, München 2011, S. 397. Auch schon Hopt, ZGR 2002, 333 (361 ff.); Banerjea, DB 2003, 1489 (1496 ff.). Kritisch jedenfalls gegen no talk-Abreden und für ein fiduciary out, wenn ohne Zutun des Vorstands ein Dritter ein besseres Angebot vorlegt, R. Krause/Nolte, Vorstandspflichten im Vorfeld eines öffentlichen Übernahmeangebots, in: Allmendinger/Dorn/Lang/Lumpp/Steffek, Hrsg., Corporate Governance nach der Finanz- und Wirtschaftskrise, Tübingen 2011, S. 163 (173 f.).

[412] The Takeover Code Rule 21.2 (2011); The Takeover Panel, Implementation of Amendments to the Takeover Code and Transitional Arrangements, 21. 7. 2011. Zur Neufassung insgesamt Review of Certain Aspects of the Regulation of Takeover Bids, Response Statement by the Code Committee of the Panel Following the Consultation on PCP 2011/1, RS 2011/1, 21. 7. 2011, 176 S., www.thetakeoverpanel.org.uk/wp-content/uploads/2008/11/RS201101.pdf.; The Takeover Panel Code Committee, 26. 11. 2012 (Fn. 409) paragraph 3: Prohibition of deal protection measures and inducement fees.

ments.[413] Auch für Deutschland wird diskutiert, ob einzuschreiten bzw., wenn ja, ob der britischen Reform zu folgen sei.[414] Nach der oben erwähnten Umfrage ist allerdings die Mehrheit (ca. 54 %) dafür, dass Abreden der Geschäftsleitung der Zielgesellschaft mit potentiellen Bieters, die die Sicherung der Transaktion bezwecken, weiterhin zulässig sein sollen, insbesondere inducement fees bzw. break fees (mit 1 bis 3 % der Transaktionssumme).[415] Dafür waren vor allem die Investmentbanken, die institutionellen Investoren und die Rechtsberater, deutlich dagegen jedoch die Vertreter der Wissenschaft (78,6 %) und die Gewerkschaften (80 %).[416] Diese unterschiedliche Einschätzung der Vor- und Nachteile solcher Regelungen in den verschiedenen Mitgliedstaaten spricht jedenfalls derzeit gegen eine europäische Regelung bei der Revision der Richtlinie.

3. Die Optionsregelungen des Art. 12

a) Optionsrechte der Mitgliedstaaten und die Tendenz zum Protektionismus

Wie bereits erwähnt, konnte die Richtlinie mit ihrem Verhinderungsverbot des Art. 9 und der Durchbruchsregelung des Art. 11 nur deshalb verabschiedet werden, weil Art. 12 eine Optionsregelung zugunsten der Mitgliedstaaten enthält. Optionsregelungen finden sich in der europäischen Rechtsangleichung häufig. Sie haben Vor- und Nachteile.[417] Dabei macht es einen grundlegenden Unterschied, ob eine Opt in- oder eine Opt out-Regelung vorgesehen ist und wem das Optionsrecht zusteht, den

---

413 Rule 21.2; The Takeover Panel Code Committee, 26. 11. 2012 (Fn. 409), paragraph 3.9 et s.

414 Z.B. Fleischer, ZHR 172 (2008), 538 (555 ff.); Drygala, WM 2004, 1413 ff., 1457 ff.

415 Survey Report (Fn. 89) at 35; Expertenumfrage (Fn. 89), ZIP 2012, 1 (9).

416 Ebenda.

417 Hertig/McCahery, Optional Rather Than Mandatory EU Company Law: Framework and Specific Proposals, ECGI Law Working Paper 078/2007; idem, A Legal Options Approach to EC Company Law, in: Ferrarini/Wymeersch, eds., Investor Protection in Europe, Oxford 2006 p. 119 et s.; idem, An Agenda for Reform: Company and Takeover Law in Europe, in: Ferrarini/Hopt/Winter/Wymeersch (Fn. 17), p. 21 et s. Allgemeiner Fleischer, The Optional Instrument in European Private Law („28th Regime"), RabelsZ 76 (2012), 235; Ayres, Regulating Opt-Out: An Economic Theory of Altering Rules, Yale Law Journal 121 (2012), 2032.

Mitgliedstaaten oder den tatsächlich Betroffenen, hier den Gesellschaften und ihren Hauptversammlungen. Gegen die Einräumung des Optionsrechts in Art. 12 an die Mitgliedstaaten spricht, dass damit der *Tendenz zum Protektionismus*[418] Vorschub geleistet wird. Im Zwischenbericht der Kommission heißt es dazu, wie bereits erwähnt: „The number of Member States implementing the Directive in a seemingly protectionist way is unexpectedly large".[419] Die vorsichtige Formulierung („seemingly") trägt zwar dem Umstand Rechnung, dass es auch andere, gute Gründe dafür geben kann, von den Options- und Reziprozitätsrechten des Art. 12 Gebrauch zu machen. So kann es duchaus sachgerecht sein, gewachsene Markt- und Gesellschaftskontrollstrukturen oder im Lande bewährte Rechtsnormen und -institute beizubehalten (Pfadabhängigkeit). Aber es ist doch nicht zu verkennen, dass der Protektionismus zugunsten der eigenen Wirtschaft und Rechtsordnung erheblich und verbreitet ist. Viele Beispiele findet man in Spanien[420] und Ungarn[421]. In Frankreich[422] hat man die 2006 als Verteidigungsmaßnahme neu eingeführten, kostenlosen Aktienbezugsscheine, die bons de défense, offenherzig auch als „bons patriotes" bezeichnet.[423] In Italien gab es nacheinander verschiedene Versionen des Verhinderungsverbots: von der ursprünglich strikten Fassung von 1992 zu einer Verwässerung 2007, zur Abschaffung (bloßes opt in) 2009 und Wiedereinführung (mit opt out)

418 IV 3 a und c beruht teilweise auf den Ausführungen des Verf. (Fn. 48), S. 48, 55 f. zum Protektionismus und zu den Vorschlägen von Davies et al., unten III 3 c.

419 Kommissionsbericht (Fn. 3), S. 10.

420 Für Spanien ist an die spektakulären Widerstände gegen ausländische Übernahmeangebote zu erinnern. Zum Übernahmerecht in Spanien zuletzt Tapia Hermida, Sociedades anónimas cotizadas y ofertas públicas de adquisición, Madrid 2012; zuvor Beneyto/Largo, dirs., Régimen Jurídico de las Ofertas Públicas de Adquisición (OPAs), Barcelona 2009; García de Enterría/Zurita y Sáenz de Navarrete, dirs., La regulación de las OPAs. Comentario sistemáticao del RD 1066/2007, de 27 de julio, Pamplona 2009; Sánchez Calero, Ofertas Públicas de Adquisición de Acciones (OPAs), Madrid 2009; Juste Mencía/Recalde Castells, coords., Derecho de OPAs, Valencia 2010.

421 Lex Mol 2007 (Engergiesektor), auf Intervention der Europäischen Kommission später geringfügig geändert, dazu External Study (Fn. 4), p. 93.

422 Für Frankreich näher Viandier (Fn. 136), nos 121 et s.: Le patriotisme économique, nos 2126 et s.: bons de défense; Giuliani (Fn. 239), Revue de Droit Bancaire et Financier 2006, 55 (67 et s.): bons „Plavix".

423 Moulin, JCP 2006, éd. E, no. 1651 und Viandier (Fn. 136), no. 2126. Vgl. auch Carle, Are French Listed Companies Takeover-proof? European Company Law 2007, 154.

2010, und 2011 wurde in Reaktion auf einen französischen Erwerber (Lactalis/Parmalat) die Möglichkeit zur Verschiebung der Hauptversammlung geschaffen, um Zeit für Abwehrmaßnahmen zu geben.[424] Deutliche Tendenzen zu Protektionismus sind aber auch in vielen anderen Ländern zu erkennen, so auch in Deutschland[425] und sogar in England,[426] erst recht in den USA, Japan und den aufstrebenden BRIC-Länder Brasilien, Rußland, Indien und China.[427] Die Untersuchung von Davies u. a. über „The Takeover Directive as a Protectionist Tool?" hat dazu eine bemerkenswerte Korrelation festgestellt: Mitgliedstaaten, die im Bezug auf das Verhinderungsverbot schlecht abschneiden, haben tendenziell auch sonst Maßnahmen ergriffen, gegen die die Kommission wegen Verletzung der Freiheiten des Vertrags Vertragsverletzungsverfahren, z. B. wegen golden shares, eingeleitet hat.[428]

---

[424] Für Italien Angelillis/Mosca, Considerazioni sul recepimento della tredecesima direttiva in materia di offerte pubbliche di acquisto e sulla posizione espressa nel documento della Commissione Europea, Rivista delle società 2007, 1106; Davies/Hopt, Control Transactions (Fn. 39) at 272; Davies et al. (Fn. 61), at 142 note 149; External Study (Fn. 4), p. 58/59, 92 et s., 190 zum Lactalis Law Decree, Decreto-Legge, 25. 3. 2011, n. 26, Gazzetta Ufficiale n. 70, 26. 3. 2011.

[425] Dazu aus amerikanischer Sicht schon Gordon (Fn. 17), p. 546 et s., 548 et s., im Zusammenhang mit dem deutschen Widerstand gegen die 13. Richtlinie. Für Deutschland Hopt, Festschrift für Wymeersch (Fn. 60), S. 373 (384 et s.); ders., European Company and Financial Law: Observations on European Politics, Protectionism, and the Financial Crisis, in Bernitz/Ringe (Fn. 61), p. 13, 20 et s., 29 et s.; zum deutschen Protektionismus schon bei Erlass der Richtlinie schon oben Hopt, Festschrift für Guyon (Fn. 374). Vgl. zur deutschen Umsetzung Veil, Die Übernahmerichtlinie und ihre Auswirkungen auf das nationale Übernahmerecht, in: Veil/Drinkuth, Hrsg., Reformbedarf im Übernahmerecht, Köln u. a. 2005, S. 95.

[426] Für das Vereinigte Königreich Armour/Jacobs/Milhaupt (Fn. 315), 52 Harv. Int. L. J. (2011), 221 at 238/239; Prentice, The United Kingdom, in: Bruno/Ruggiero (Fn. 312) at 217, bezüglich der London Stock Exchange. Genereller Mukwiri (Fn. 51), p. 117; Papadopoulos, (Fn. 51), p. 208; Wooldridge, Some important provisions, and implementation of, the Takeover Directive, The Company Lawyer 28 (2007), 293 at 295 et s.

[427] Für Japan Armour/Jacobs/Milhaupt (Fn. 315), S. 221, 272/273; vgl. auch Hayakawa (Fn. 296), S. 3081; Baum, Japans zögerlicher Weg zu einem Markt für Unternehmenskontrolle, in: Beiträge für Hopt, 2008 (Fn. 409), S. 325. Für China, Indien und Brasilien Armour/Jacobs/Milhaupt (Fn. 315), at 275 et s.. Für Asien Hill (Fn. 296), S. 795 (805, 814).

[428] Davies et al. (Fn. 61), at 143 et s., interessante tables at 144, 155, 156. Die Gefahr des Protektionismus dagegen herunterspielend Johnston, Varieties of Corporate Governance and Reflexive Takeover Regulation, in: Bernitz/Ringe (Fn. 61), p. 160 at 170 et s.

b) Die Reziprozitätsregelung (Art. 12 Abs. 3)

Zur Reziprozitätregelung der Richtlinie in Art. 12 Abs. 3 ist hier nur Folgendes zu sagen. Es handelt sich dabei um ein Opt in-Recht der Mitgliedstaaten, von dem immerhin 13 Gebrauch gemacht haben, darunter Deutschland, Frankreich, Italien und Spanien.[429] Die Regelung hat zu erheblichen Unsicherheiten[430] bei der Auslegung in den verschiedenen Mitgliedstaaten geführt. Das gilt vor allem hinsichtlich ihrer Einsatzmöglichkeit gegenüber Drittstaaten, nämlich ob eine Bieter-Gesellschaft etwa aus den USA schon dann „ihrerseits dieselben Artikel", d.h. Art. 9 Abs. 2 und 3 und/oder Art. 11, „nicht anwendet", weil sie das, da nicht unter die Richtlinie fallend, gar nicht kann oder ob es auf eine Äquivalenzprüfung der europäischen und der drittstaatlichen, hier der US-amerikanischen Regelung ankommt.[431] Unklar ist auch, ob die Reziprozitätsregelung eingreift, wenn statt der ausländischen Mutter die inländische Tochter das Übernahmeangebot macht oder gar wenn dafür ein nicht börsennotiertes special purpose vehicle eingesetzt wird.[432] Sodann wird die Meinung vertreten, dass die Reziprozitätsregelung wohl eine Verletzung von Art. 49 TFEU und WTO darstelle.[433] Beides spräche für eine

---

[429] Der Anwendungsbericht der Kommission (Fn. 3) 2 Nr. 7 Fn. 10 zählt auf: Belgien, Dänemark, Deutschland, Frankreich, Griechenland, Italien, Luxemburg, Niederlande, Polen, Portugal, Slowenien, Spanien und Ungarn. Auch External Study (Fn. 4), p. 192 et s.: 12 aus 22 untersuchten Ländern, davon 5 mit Verhinderungsverbot und Reziprozität (Frankreich, Griechenland, Italien, Portugal und Spanien). In Frankreich hat rund ein Viertel der CAC-40-Gesellschaften in die Reziprozität hineinoptiert, Davies et al. (Fn. 61), p. 147 et s.; CEPS External Study (Fn. 4), p. 303 n. 341 mit verschiedenen Hypothesen.

Sieben Länder, darunter Deutschland, Benelux, Dänemark, Polen und Ungarn, haben kein Verhinderungsverbot, aber trotzdem die Reziprozitätsregelung, die dann aber praktisch keine Rolle spielt, weil es kaum Gesellschaften („rare occurrence") gebe, die in das Verhinderungsverbot hineinoptieren, ebenda, p. 42, 193, 196 (repetitiv); unklar ist, ob damit gesagt ist, dass es tatsächlich einzelne solche Fälle gegeben hat.

Zur Reziprozitätsregelung u.a. Becht, Reciprocity in Takeovers, ECGI Law Working Paper 014/2003, October 2003, auch in: Ferrarini/Hopt/Winter/Wymeersch (Fn. 17), p. 647; Kersting, EuZW 2007, 528.

[430] Wouters/van Hooghten/Bruyneel (Fn. 51) at 63 et s. mit Beispielen.

[431] Seibt/Heiser, ZGR 2005, 200 (234f.). Bedenken auch bei Nobel (Fn. 163), S. 29 (53).

[432] Seibt/Heiser, ebenda; auch CEPS External Study (Fn. 4), p. 304.

[433] J. Winter, Conference of International Takeover Regulations, Vienna, 9. 9. 2011.

Revision im Sinne einer Klarstellung oder sogar einer Aufhebung.[434] Dass es zu diesem Letzteren kommen würde, wurde angesichts der real existierenden Befürchtungen in den Mitgliedstaaten vor Bietern aus Drittstaaten schon vor der Veröffentlichung des Anwendungsberichts der Kommission für ausgeschlossen gehalten. Auch hat die oben erwähnte Befragung ergeben, dass sich doch eine bedeutende Minderheit sogar für weitere Schutzmaßnahmen, jedenfalls gegenüber Übernahmeangeboten aus Drittstaaten, ausspricht, z. B. durch Schaffung der Möglichkeit, eine Übernahme aus Gründen nationaler Interessen zu vereiteln.[435]

c) Opt out der Hauptvesammlung aus dem Verhinderungsverbot als Reformvorschlag oder Warten auf weitere Rechtsprechung des Europäischen Gerichtshofs zu den Freiheiten des Vertrags

Tatsächlich ist in vielen Mitgliedstaaten die Furcht vor Übernahmen der nationalen Champions groß, und mit der Finanzmarktkrise haben auch die protektionistischen Tendenzen zugenommen. Das spricht bei der Prognose dafür, dass es ohne Rücksicht auf Sachgründe mehr oder weniger beim Status quo der Options- und Reziprozitätsregelung bleiben wird und dass die Logik des Revisionsprozesses zwar zu Änderungen führen wird – dies schon, um einen Gesichtsverlust der Europäischen Kommission zu vermeiden –, aber nicht hier, sondern nur an anderen Stellen und in Detailfragen. Eine wesentliche Verbesserung würde demgegenüber der kürzlich von Davies und anderen[436] vortragenene *Kompromissvorschlag zur Reform des Art. 12* bringen.[437] Das Optionsrecht

[434] Vgl. schon die Kritik von McCahery/Rennebog (Fn. 120), p. 78 et s.

[435] 100 % bei den Vertretern der Gewerkschaften, 66,7 % bei den institutionellen Investoren und 51,8 % bei den Unternehmensvertretern, insgesamt immerhin 40 %. Dagegen haben sich klar die Rechtsberater und die Wissenschaftler ausgesprochen (77,3 % bzw. 69,2 %); Survey Report (Fn. 89), p. 23; Expertenumfrage (Fn. 89), ZIP 2012, 1 (5).

[436] Davies et al. (Fn. 61), at 158 et s.; auch Wymeersch, Festschrift für Hommelhoff (Fn. 109), S. 1393 ff., 1396; sympathisierend CEPS External Study (Fn. 4), p. 303. Zweifelnd aber Clarke (Fn. 94), (2011) EBLR 517 at 522 et s.

[437] Nicht ganz klar ist, ob Davies et al. das Optionsrecht für die Gesellschaften und dort für die Aktionäre in der Hauptversammlung als europäische Lösung oder als eine mitgliedstaatliche ansehen. Letzterenfalls würde sich sein Vorschlag an den oben abgelehnten Vorschlag eines dispositiven Übernahmerechts annähern.

würde danach nicht den Mitgliedstaaten, sondern den Gesellschaften zustehen. Das würde die (staatliche) Protektionismusgefahr vermindern.

Die Ausübung des *Optionsrecht* wäre dann *Sache der Hauptversammlung*, also der kollektiven Entscheidung der Aktionäre.[438] Allerdings sind Mehrheiten, zumal satzungsändernde, wie sie unter dem derzeitigen Art. 12 für die Ausübung der Option verlangt werden, nur schwer zu erreichen (rationale Apathie der Aktionäre). So sind in Deutschland unter § 33b WpÜG zur europäischen Durchbruchsregel keine diesbezüglichen Fälle bekannt geworden, soweit ersichtlich, auch nicht aus anderen Mitgliedstaaten.[439] Deshalb sollten die Aktionäre nicht in das Verhinderungsverbot hineinoptieren müssen,[440] sondern umgekehrt *aus dem grundsätzlich geltenden Verhinderungsverbot herausoptieren* können. Dass das tatsächlich funktioniert, zeigt sich in Italien, wo unter der letzten Fassung des grundsätzlich geltenden Verhinderungsverbots eine ganze Reihe von Gesellschaften, in der Regel solche mit Kontroll- bzw. Blockaktionären, aus diesem herausoptiert haben.[441] Ob diese Opt out-Entscheidung mit einfacher oder satzungsändernder Mehrheit getroffen werden sollte, wird unterschiedlich beantwortet.[442] Sachgerecht wäre das Letztere, Hauptversammlungsbeschlüsse über die Zulassung von Verteidigungsmaßnahmen bei Übernahmeangeboten würden dann gleich behandelt wie solche zu Verschmelzungen und anderen Umwandlungen. Die einmal getroffene Opt out-Entscheidung kann nicht laufend wieder in Frage gestellt werden, sondern muss im Interesse der Rechts- und Verkehrssicherheit für eine gewisse Dauer, z.B. fünf Jahre,[443] gelten. Dieser Reformvorschlag hätte somit gegenüber dem Status quo[444] eine ganze Reihe von Vorteilen: Er wirkt dem Protektionismus

---

[438] Hier kommt es zu einem Konflikt zwischen der Gesamtheit der Aktionäre und den einzelnen, denen durch Hauptversammlungbeschluss der Exist verwehrt werden kann. Da eine erfolgreiche Übernahme durch den neuen Kontrollaktionär die Geschicke der Gesellschaft grundlegend ändern kann, ist es sachgerecht, dass nicht jeder einzelne durch Annahme oder Ablehnung darüber entscheidet, sondern das für grundlegende Entscheidungen zuständige Gesellschaftsorgan.

[439] External Study (Fn. 4), p. 195.

[440] So aber Art. 12 (2) und (3) mit (5).

[441] Liste von 9 Gesellschaften mit einer Marktkapitalisierung von 12137,7 Mio €, External Study (Fn. 4), p. 190.

[442] Für einfache Mehrheit Davies et al. (Fn. 61), at 158; für satzungsändernde Mehrheit Wymeersch, Festschrift für Hommelhoff (Fn. 109), S. 1396.

[443] Davies et al. (Fn. 61) at 159.

[444] Also gegenüber dem derzeitigen Art. 12 und auf der Prämisse, dass die Optio-

entgegen, er behält die Optionsregel bei, aber mit Modifikationen, er trägt dabei den wirtschaftswissenschaftlichen Erkenntnissen über die richtige Gestaltung dispositiver Gesellschaftsrechtsnormen Rechnung,[445] und er erscheint auch ohne weiteres als praktikabel.

Aber auch diesen moderaten Reformvorschlag wird die Europäische Kommission aller Voraussicht nach nicht aufgreifen, zumal nach der Befragung für die Kommission offenbar beinahe 2/3 der Befragten den status quo für hilfreich erachten[446]. Dann bleibt als Hoffnungsträger für die, welche aus rechts- und wirtschaftspolitischer Überzeugung, aber auch mit Blick auf die Positionierung Europas im globalen Wettbewerb für einen offeneren, europäischen Übernahmemarkt eintreten, nur der *Europäische Gerichthof mit den Freiheiten des Vertrags.*[447] Immerhin hat der EuGH schon einmal – nämlich nach dem Patt zur Übernahmerichtlinie im Jahre 2001 und noch während der Arbeiten der High Level Group of Company Law Experts zum europäischen Übernahmerecht[448] – mit seinen wegweisenden Urteilen zur Vertragswidrigkeit von golden shares begonnen und ein Zeichen gesetzt.[449]

---

nalität der Art. 12 von der Kommission beibehalten wird, Davies et al. (Fn. 61), p. 158. Dass die rechtspolitisch bessere Lösung das Verhinderungsverbot nach Art. 9 als jedenfalls im Grundsatz zwingend ist, wurde bereits oben unter II 2 a dargelegt.

[445] Bebchuk/Hamdani, Optimal Defaults for Corporate Law Evolution, 96 Northwestern U. L. Rev. 489 (2002). Gegen eine absolute Hauptversammlungsautonomie im Übernahmerecht oben II 2 b (3).

[446] Für das optionale Verhinderungsverbot (Art. 9 Abs. 2 und 3, Art. 12) 74 %, für die Durchbruchsregelung (Art. 11, 12) 71 % und für die Reziprozitätsregel (Art. 12 Abs. 3) 73 %, External Study (Fn. 4), p. 117.

[447] So z. B. Mukwiri (Fn. 51), p. 3 at the end, 128, 141 et s.; Papadopoulos (Fn. 51), p. 202 et s. und jetzt idem, Infringements of Fundamental Freedoms within the EU Market for Corporate Control, ECFR 2012, 221; auch Wyatt/Dashwood, European Union Law, 6th ed., London 2011, p. 670 et s., 683, 693; Grundmann (Fn. 52), Rn. 813, 995; Kainer, Unternehmensübernahmen im Binnenmarktrecht, Zugleich ein Beitrag zur Privatrechtswirkung von Grundfreiheiten, Baden-Baden 2004; schon im Vorfeld der Übernahmerichtlinie Hopt, ZHR 161 (1997), 368 (414 ff.). Anders noch die bisher h. L., z. B. Lutter/Bayer/J. Schmidt (Fn. 52), § 15 Rn. 8.

[448] The High Level Group of Company Law Experts (Fn. 304).

[449] Grundmann/Möslein, ZGR 2003, 317; Rühland, Die Rechtsprechung des EuGH zu Golden Shares und der Markt für Unternehmenskontrolle, in: Beiträge für Hopt, 2008 (Fn. 409), S. 501; Bayer/Schmidt, BB 2010, 394; Soltysinski, Golden Shares: Recent Developments in E. C. J. Jurisprudence and Member States Legislation, Festschrift für Hopt 2010 (Fn. 98), Bd. 2, S. 2571; Frenz, EWS 2011, 125.

V. Übernahmeverfahren und Aufsicht

1. *Reformen zum Übernahmeverfahren, insbesondere virtual bids*

Eine der in letzter Zeit besonders diskutierten Reformfragen zum Übernahmeverfahren ist, wie durch zeitnahe Informationen Spekulationen, ob es zu einem Übernahmeangebot kommt oder nicht, im Interesse der Aktionäre der Zielgesellschaft, des Anlagepublikums und des Marktes der Boden entzogen werden kann. Anstoß dazu gab die im Vereinigten Köngreich aufgekommenen Praxis der *virtual bids*, nämlich Eckpunkte eines möglichen Angebots einschließlich des Angebotspreises zeitlich vor dem Übernahmeangebot bekannt zu geben, um auf diese Weise den Markt zu testen, eine Praxis, die allerdings offenbar bisher noch nicht nach Deutschland gedrungen ist.[450] Die jüngste Reform des Takeover Code im Vereinigten Königreich von 2011 sieht dazu zwei Reformen vor, eine für die Zielgesellschaft und eine für den Bieter[451]:

a) Pflicht der Zielgesellschaft zur frühen Benennung des Bieters

Die *Zielgesellschaft* muss einen möglichen Bieter, mit dem sie Gespräche führt oder von dem sie wegen einer möglichen Übernahme angesprochen worden ist (außer bei eindeutiger Zurückweisung derselben) bereits zu Beginn der relevanten Angebotsperiode öffentlich benennen.[452] Das Takeover Panel kann aber in bestimmten Fällen, etwa für den Fall der Suche nach einem weißen Ritter im Wege eines Auktionsprozesses, davon Dispens erteilen.[453]

[450] Seibt, CFL 2011, 213 (217).

[451] The Takeover Panel, Review of Certain Aspects of the Regulation of Takeover Bids, 21.7.2011 (Fn. 409) und The Takeover Panel Code Committee, 26. 11. 2012 (Fn. 412), paragraph 2: Protection for offeree companies against protracted „virtual bid" periods. Dazu und zu den weiteren vier Reformen Hopt (Fn. 48), S. 60f.; auch External Study (Fn. 4), p. 94 et s.

[452] Rule 2.4.

[453] Zur Reformfrage der Einräumung eines weitreichenden Ermessens unten V 3 a).

b) *Pflicht des Bieters zur frühen Entscheidung (put up or shut up)*

Der *Bieter* muss spätestens 28 Tage nach dieser Benennung entweder erklären, dass er die feste Absicht hat zu bieten oder dass er nicht beabsichtigt zu bieten, außer wenn das Takeover Panel auf Antrag der Zielgesellschaft diese Frist verlängert, was dann in der Regel gewährt wird.[454] Mit dieser Pflicht zum *„put up or shut up"* sollen virtual bids, mit denen der Bieter die Aktionäre der Zielgesellschaft und den Markt mit Übernahmeüberlegungen auslotet und verunsichert, auf einen Monat beschränkt werden. Nach Ansicht von Private Equity Funds ist dies wegen der Vorbereitung und Finanzierung von Übernahmeangeboten durchaus problematisch.[455]

Ähnliche Regelungen finden sich bereits in Belgien[456] und Frankreich[457] und werden auch in den Niederlanden diskutiert.[458] In Deutschland hat sich dazu, obschon bisher ohne praktischen Anlass, bereits eine Diskussion ergeben, in der ein Einschreiten der BaFin in solchen Fällen teils schon de lege lata für möglich gehalten,[459] jedenfalls aber de lege ferenda als Reform gewünscht wird.[460] Auch bei der oben erwähnten Umfrage hat sich eine deutliche Mehrheit (62 %) für eine solche Reform ausgesprochen,[461] namentlich die institutionellen Investoren und die Rechtsberater, weniger deutlich die Investmentbanken und Unternehmen.

Dieser rechtspolitischen Forderung wird man sich anschließen können, allerdings mit der Maßgabe, dass das kein Reformpunkt, jedenfalls kein wesentlicher, für die bevorstehende Revision der Übernahmerichtlinie ist. Es kann nicht Aufgabe des europäischen Rechts sein, Praktiken, die sich erst allmählich herausbilden und auf die die verschiedenen Mitgliedstaaten unterschiedlich antworten, vorbeugend zurecht zu stutzen.

---

[454] Rule 2.6.

[455] Seibt, Börsen-Zeitung Nr. 237 vom 8. 12. 2010, S. 2.

[456] Fyon (Fn. 394), Forum Financier/Droit bancaire et financier 2007/IV, 242 (260).

[457] External Study (Fn. 4), p. 93.

[458] Expertenumfrage (Fn. 89), ZIP 2012, 1 (2 Fn. 14): Vorschlag des niederländischen Finanzministeriums, die AFM zu ermächtigen, auf Antrag der Zielgesellschaft ein „put up or shut up" mit einer Erklärungsfrist von sechs Wochen und einer Angebotsfrist von neun Monaten zu erlassen.

[459] Seibt, CFL 2011, 213 (222).

[460] Klemm/Reinhardt, NZG 2007, 281 (285); Bachmann (Fn. 380), S. 191 (219).

[461] Survey Report (Fn. 89), p. 37; Expertenumfrage (Fn. 89), ZIP 2012, 1 (10).

2. *Europäische Aufsicht und nationale Aufsichten*

a) Zur möglichen Role der European Securities and Markets Authority (ESMA)

Was die Aufsicht angeht, enthält die Übernahmerichtlinie bisher im Wesentlichen nur internationalprivatrechtliche Regelungen für die Zuständigkeit und Kooperation der nationalen Aufsichtsbehörden[462] bzw. Selbstverwaltungsorgane wie das Takeover Panel im Vereinigten Königreich.[463] Seit der Finanzkrise und den in ihrem Gefolge getätigten Reformen der europäischen Bank-, Versicherungs- und Kapitalmarktaufsicht ist die früher undenkbare Forderung, auch die Aufsicht auf dem Gebiet der Übernahmeangebote einer europäische Behörde zu übertragen, enttabuisiert worden. Wenn man berücksichtigt, dass Übernahmeangebote zwar auch gesellschaftsrechtlich, aber jedenfalls funktional doch (kapital-)marktrechtlich zu begreifen sind, könnte es nahe liegen, der zum 1. 1. 2011 errichteten *European Securities and Markets Authority (ESMA)*[464] eine Rolle bei der Aufsicht über Übernahmeangebote zu übertragen. Tatsächlich ist das auch schon bei ihrer Gründung erwogen, aber dann auf dezidierte Intervention des UK Takeover Panel im Zusammenwirken mit anderen Übernahmeaufsichtsbehörden doch nicht realisiert worden.[465] Bei der oben erwähnten Umfrage hat sich zwar die klare Mehrheit für das Fortbestehen der Zuständigkeit der nationalen Aufsichten ausgesprochen (67 %), aber doch eine nicht unbeträchtliche Min-

[462] Unten V 2 b.

[463] Präambel, Erwägungsgrund (7) der Richtlinie; zur englischen self-regulation oben IV 1 b (2).

[464] Ausführlich Moloney, The European Securities and Markets Authority and Institutional Design for the EU Financial Market – A Tale of Two Competences, EBOR 12 (2011) 41 et s., 177 et s.; Tridimas, Financial Supervision and Agency Power: Reflections on ESMA, in: Shuibhne/Gormley, eds., From Single Market to Economic Union, Essays in Memory of John A Usher, Oxford 2012, p. 55; Wymeersch, The European Financial Supervisory Authorities or ESAs, in: Wymeersch/Hopt/Ferrarini, eds., Financial Regulation and Supervison, A Post-Crisis Analysis, Oxford 2012, p. 232; ferner Baur/Boegl, BKR 2011, 177; Hoffmann/Detzen, DB 2011, 1261; Walla, BKR 2012, 265; Zülch/Hoffmann/Detzen, EWS 2011, 167.

[465] Europäische Kommission, Vorschlag für eine Verordnung des Europäischen Parlaments und des Rates zur Einrichtung einer Europäischen Wertpapieraufsichtsbehörde, KOM (2009), 499 endg. vom 23. 9. 2009, S. 25 unter Erwähnung der Übernahmerichtlinie 2004/25/EG. Näher Clarke (Fn. 94), (2011) EBLR 517 at 531 et s.; kurz auch Seibt, CFL 2011, 213 (240 Fn. 218).

derheit von circa 28 % eine alleinige europäische Aufsicht bevorzugt.[466] Für letztere traten vor allem die institutionellen Investoren (83,3 %), die Unternehmensvertreter und die Investmentbanken ein. Einige Stimmen zogen die Schaffung einer eigenen europäischen Übernahmeaufsichtsbehörde mit ausschließlicher Zuständigkeit vor.

In diesem Meinungsbild kommt zwar einerseits zum Ausdruck, dass sich die Betroffenenen mit den nationalen Aufsichtsbehörden arrangiert haben, aber andererseits, dass eine nicht unerhebliche Anzahl es vorziehen würde, es nur mit einer einzigen Aufsichtsbehörde zu tun zu haben, die dann eine europäische sein müßte. Dieser Gedanke des one stop shop ist einer der Gründe, warum die betroffenen Marktkreise einer europäischen Aufsicht, wie sie jetzt in der Form von drei europäischen Aufsichten (EBA, EIOPA, ESMA) etabliert ist, aufgeschlossen gegenüber stehen. Umgekehrt spricht allerdings vieles auch für eine nationale Aufsicht, die markt- und praxisnäher sein kann, ein Argument das auch staatsintern für die Zuständigkeit einer eigenen Übernahmekommission neben der Finanzmarktaufsicht vorgebracht wird, so etwa im Vereinigten Königreich, in Österreich und in der Schweiz. Wenn es zu einer wirklichen Europäisierung der nationalen Übernahmemärkte kommt, wird sich zeigen, ob die Betroffenen tatsächlich auf Dauer mit 27 Aufsichtsstellen leben können bzw. ob die Zusammenarbeit der nationalen Aufsichten in supervisory colleges unter der guidance und notfalls bindenden Koordination und Setzung technischer Standards durch die ESMA[467] so funktioniert, dass die Reibungsverluste durch die Vielzahl von Anlaufstellen für die Betroffenen tragbar bleiben.[468] Dass alle diesbezüglichen Reformenüberlegungen, die die Zuständigkeiten der nationalen Aufsichtsbehörden auch nur zu schwächen drohen, mit dem erbitterten Widerstand vieler Mitgliedstaaten, allen voran dem Vereinigten Königreich mit seiner Tradition der Selbstverwaltung und des Takeover Panel, rechnen müssten, braucht nicht besonders betont zu werden.

---

[466] Survey Report (Fn. 89), p. 16; Expertenumfrage (Fn. 89), ZIP 2012, 1 (5). Interessant ist, dass offenbar häufig auf die Zuständigkeit der Generaldirektion 4 der Europäischen Kommission für bestimmte Zusammenschlussvorhaben hingewiesen wurde.

[467] VO ESMA, Setzung technischer Standards durch die Kommission auf Vorschlag der ESMA, Wymeersch, Festschrift für Hommelhoff (Fn. 109), S. 1386 ff. Dazu auch Veil (Fn. 9) unter IV.2.

[468] Zweifelnd Wouters/van Hooghten/Bruyneel (Fn. 51), p. 22. Abwartend Seibt, CFL 2011, 213 (240). Gegen Befugnisse der ESMA Veil (Fn. 9) unter IV.1.

b) Internationales Privat- und Verfahrensrecht (Art. 4)

Aus dem soeben Gesagten erhellt, dass die Koordination und Mediation bei der Ausfüllung von in der Richtlinie nicht weiter konkretisierten Begriffen und Regeln – etwa den weiteren Verfahrensregeln für Angebote nach Art. 13 (Hinfälligkeit der Angebote, ihre Änderung, konkurrierende Angebote,[469] Bekanntmachung der Ergebnisse der Angebote, Unwiderruflichkeit der Angebote und zulässige Bedingungen[470]) – auf Dauer unerläßlich ist. Das führt über zur *internationalen Zuständigkeit* und Zusammenarbeit der mitgliedstaatlichen Aufsichtsbehörden *einschließlich des anwendbaren Rechts.* Die Regelung in *Art. 4* der Richtlinie zu diesen Fragen ist kompliziert, mit Rechtsunsicherheiten behaftet[471] und nur aus der Entstehungsgeschichte als mühsam erreichter Kompromiss verständlich. Dabei kann es zu Konflikten nicht nur in der Anwendungspraxis der jeweils für Teilbereiche der Übernahme zuständigen Aufsichten kommen, sondern auch zwischen den anwendbaren Rechtsordnungen. Denn Art. 4 Abs. 2 lit. e splittet diese bekanntlich: das Recht des Sitzmitgliedstaats der Zielgesellschaft gilt für gesellschaftsrechtliche Fragen einschließlich der Kontrollschwelle und der für die Arbeitnehmer und ihre Mitbestimmung relevanten Fragen, das Recht des Mitgliedstaats der zuständigen Aufsichtsstelle für die übernahmerechtlichen Fra-

[469] Bachmann (Fn. 380).

[470] Diese spielen in der Praxis eine ganz erhebliche Rolle, darunter die material adverse change- oder MAC-Klauseln. Dazu Hopt, MAC-Klauseln im Finanz- und Übernahmerecht, Festschrift für Karsten Schmidt, Köln 2009, S. 681; A. Meyer, Angebots- und Finanzierungssicherheit vs. Ausstiegsoptionalität – Bindung an Übernahmeangebote in volatilen Märkten und Ausweichstrategien, in: Mülbert u.a. (Fn. 13), S. 226; Seibt, CFL 2011, 213 (231 ff.).

[471] Von Hein, ZGR 2005, 528 (531 ff.); Siems, ECFR 2004, 458 at 475: „complex and arbitrary"; Beispiele bei Wouters/van Hooghten/Bruyneel (Fn. 51), p. 22, mit Zitat des früheren Generaldirektors des UK Takeover Panel Remnant: „a recipe for regulatory chaos" und Hinweis auf ein Protocol for a CESR Mediation Mechanism von 2006; Meyers (Fn. 93), p. 695 et s. Ferner Ryngaert, Cross-Border Takeover Regulation: a Transatlantic Perspective, ECFR 2007, 434. Auch Kommentare zu § 1 Abs. 3–5, § 2 Abs. 3 und 7 und § 8 WpÜG. Schwierigkeiten gibt es vor allem bei Übernahmeangeboten, insbesondere Tauschangeboten, aus Drittländern, etwa den USA, allerdings hat die Praxis Lösungsmodelle entwickelt, sodaß exclusionary bids (oben II 2 e bei Fn. 220) unnötig werden können; Klepsch (BaFin), Administration von Übernahmeverfahren in: Kaemmerer/Veil (Fn. 9) unter I.8.b. Zu den Tauschangeboten Herfs/Wyen (Fn. 236).

gen.[472] Wenn die Europäische Kommission Art. 4 bei der Revision der Richtlinie überhaupt anrühren würde, wären unter anderem auch Fragen zum Sitz der Zielgesellschaft (Satzungs-, Verwaltungssitz) und zur Anknüpfung an die Zulassung zum Handel auf einem geregelten Markt zu stellen. Wünschenswert, aber kaum realisierbar wäre eine einheitliche Zuständigkeit, und zwar nach dem größten Handelsaufkommen in Aktien der Zielgesellschaft.[473]

3. Durchsetzung und Rechtsschutz

a) Größerer Ermessensspielraum für die Aufsichtsbehörde

Die notwendige Flexiblität beim Pflichtangebot und allgemeiner zu übernahmerechtlichen Regelungen war bereits oben Thema im Zusammenhang mit den gesetzlichen Ausnahmen vom Pflichtangebot.[474] Hier geht es um die Frage, ob die Aufsichtsbehörde ein größeres Ermessen haben soll. Das ist in einer ganzen Reihe von Mitgliedstaaten der Fall, z. B. dem Vereinigten Königreich, Irland und Finnland, auch in Frankreich und in gewissen, eingegrenzten Umfang auch in Deutschland.[475] Paradebeispiel ist das britische Takeover Panel mit einem für deutsche Verhältnise ungemein weiten Ermessensspielraum: „The Panel may derogate or grant a waiver to a person from the application of the rule ... (ii) in other circumstances where the Panel considers that the particular rule would operate unduly harshly or in an unnecessarily restrictive or burdensome or otherwise inappropriate manner (in which case a reasoned decision will be given)."[476] Die Frage ist in Deutschland bisher de lege lata dahin entschieden, dass die Befreiungstatbestände nach § 37 WpÜG abschließend, die Konkretisierungstatbestände in § 9 Abs. 2 Satz 1 Nr. 1–6 und Satz 2 Nr. 1–3 WpÜG-Angebots-VO dagegen („insbesondere") nicht abschließend sind.[477] Rechtspolitisch ist die Frage in Praxis und Wissenschaft

---

[472] Praxisbeispiele für grenzüberschreitende Übernahmeangebote mit gespaltener Aufsichtszuständigkeit bei Seibt, CFL 2011, 213 (223).

[473] Wymeersch, Festschrift für Hommelhoff (Fn. 109), S. 1387, aber unter Anhörung der anderen Aufsichtsbehörden.

[474] Oben III 2 f.

[475] Anwendungsbericht der Kommission (Fn. 3) 3 Nr. 16; External Study (Fn. 4), p. 37, 106 et s., 140.

[476] Takeover Code Introduction 2 (c).

[477] Krause/Pötzsch, in: Assmann/Pötzsch/U.H. Schneider, WpÜG, Köln 2005,

umstritten. Teils wird für mehr, teils für weniger Ermessenspielraum plädiert als derzeit.[478] Deutsche Praktiker befürchten, dass sich mehr Ermessen eher zu Lasten der Zielgesellschaft auswirken würde. Die Mehrzahl der Befragten möchte es bei den bisherigen Ausnahmen nach §§ 36, 37 WpÜG i.V.m. § 9 WpÜG-AmgebotsVO belassen, so vor allem die institutionellen Investoren, die Rechtsberater und die Wissenschaft. Die Unternehmensvertreter sind demgegenüber mehr oder weniger hälftig gespalten. Ganz gegen jede Erweiterung des Ermessen waren die Gewerkschaftsvertreter (80 %).

Die Frage nach mehr oder weniger Ermessen der Aufsichtsbehörde im Übernahmerecht scheint vordergründig eine rein technische Frage des Verfahrensrechts zu sein. Das trügt jedoch, wie der Blick auf das Vereinigte Königreich und Deutschland, um nur diese beiden Protagonisten der gegenteiligen Ansichten zu nennen, zeigt. Vielmehr geht es dabei um unterschiedliche Konzeptionen des Übernahmerechts und weitergehend um grundsätzlichere, rechtspolitische und rechtskulturelle Unterschiede zu Regelungsaufgabe und Regelungstil von Aufsichtsämtern.[479] In England herrscht eine pragmatische, flexible, unnötigen Eingriffen abholde Grundauffassung vor, wie sie dem Selbstregelungsansatz, der den Takeover Code und das Takeover Panel prägt, entspricht. Das spiegelt sich auch darin, dass es im Vereinigten Königreich kaum zu Prozessen und Gerichtsurteilen im Anschluss an Übernahmen kommt.[480] Auch Frankreich gewährt der Aufsichtsbehörde weites Ermessen.[481] Demgegenüber

---

§ 37 Rn. 20, 24; KöKoWpÜG/Versteegen (Fn. 18), § 37 Rn. 73, § 37 Anh. – § 9 AngebVO Rn. 4. Zur Diskussion um eine Generalklausel für die Befreiung statt einer Einzelermächtigung Merkt, Festschrift für Schwark (Fn. 114), S. 538 ff. Zu Zweifeln an der Vereinbarkeit von § 37 mit der Richtlinie Mülbert, NZG 2004, 634 (641 f.), ders., in Hopt/Mülbert/Kumpan, AG 2005, 109 (113); gegen diesen Merkt, Festschrift für Schwark (Fn. 114), S. 537 f. und die üL.

[478] Dazu und zum Folgenden Survey Report (Fn. 89), p. 28; Expertenumfrage (Fn. 89), ZIP 2012, 1 (8).

[479] Vgl. für die Kapitalmarktaufsicht, Börsen und Gerichte bei der Corporate Governance Hopt, ZHR 175 (2011), 444 (514 ff.). Spezieller für das Takeover Panel im Vereinigten Königreich und in Australien Armson, Journal of Corporate Law Studies 5 (2005), 401.

[480] Siehe unten V 3 b.

[481] Diskussion in Mülbert u. a. (Fn. 13), S. 75, in der (mündlich unter Berufung auf französische Fälle) auf die Gefahr der Politisierung der Entscheidungen der Aufsicht hingewiesen wurde. Aber gegenläufige Entwicklung auf feste, vorhersehbare Kriterien zwecks größerer Rechtssicherheit bei der Reform des règlement général de l'Autorité des marchés financiers (AMF) mit arrêté, 14 juin 2012, J.O. du 11 juillet

herrscht in Deutschland, historisch bedingt, eine sehr viel größere Skepsis gegen Freiräume der Verwaltung und Aufsicht. Auch die BaFin selbst hat bei den Anhörungen im Vorfeld des WpÜG klar zum Ausdruck gebracht, dass sie von einer Ermessensregelung wie im Vereinigten Königreich nichts hält.

b) Reformüberlegungen zur Durchsetzung

Abschließend sei noch kurz auf Reformüberlegungen zur Durchsetzung hingewiesen. Die Frage nach der Durchsetzung ist rechtspolitisch zentral und wird deshalb auch rechtsvergleichend zunehmend untersucht.[482]

Die Schaffung *spezialisierter Gerichte*[483] – wie in Deutschland das OLG Frankfurt, in Frankreich die Cour d'appel de Paris[484] und in Belgien die Cour d'appel de Bruxelles[485] – könnte ein Modell auch für andere Länder darstellen.

Sodann ist an eine *Verschärfung der Sanktionen* wie bei dem Vorschlag der Revision der Transparenzrichtlinie[486] zu denken, so bei Nichtabgabe eines Pflichtangebots oder bei Verletzung der Vorschriften zur Beteiligungstransparenz. So hat in Italien die CONSOB das Recht, die Abgabe eines Pflichtangebots zu erzwingen, und wenn das tatsächlich nicht möglich ist, haben die Aktionäre Schadensersatzansprüche.[487] Die BaFin hat dieses Recht auf Grund der allgemeinen Ermächtigungsnorm

---

2012, p. 11334; näher Paolaggi/Kessler (Fn. 79), Bulletin Joly Bourse, Novembre 2012, p. 483 (486 et s.).

482 Ein großes Projekt zur Umsetzung im Kapitalmarktrecht läuft bei Veil an der Bucerius Law School, Hamburg; zu Umsetzungsfragen bei der vergleichenden Corporate Governance Hopt, ZHR 175 (2011), 444 (514 ff.). Dazu Veil, Aufsicht über die Kapitalmärkte in Europa – Regelungskonzepte und Grundlinien für die Entwicklung aufsichts- und zivilrechtlicher Instrumente, Festschrift für Hopt (Fn. 98), Bd. 2, S. 2641. Auch Pietrancosta, Enforcement of corporate governance codes: A legal perspective, in: Festschrift für Hopt (Fn. 98), Bd. 1, S. 1109. Allgemeiner Andersen, The Enforcement of EU Law, The Role of the European Commission, Oxford (Oxford University Press) 2012.

483 External Study (Fn. 4), p. 258 et s.

484 Viandier (Fn. 136), nos 240 et s.

485 Fyon, La réforme du droit des offres publiques d'acquisition, 2ème partie, Forum Financier/Droit bancaire et financier 2007/IV, 295 (329 et s.).

486 Oben III 2 c Fn. 198. Überblick über das dortige Sanktionssystem bei Seibt/Wollenschläger, AG 2012, 395 (312 ff.). Speziell zum (Stimm-)Rechtsverlust Seibt, ZIP 2012, 797; Veil, BB 2012, 1374.

487 CEPS External Study (Fn. 4), p. 297.

des § 4 Abs. 1 WpÜG,[488] übt es aber in der Regel nicht aus. Die Vorschläge dazu, die in der oben genannten Befragung gemacht worden sind,[489] variieren. Die Mehrheit (76,3 %) befürwortet ein gesetzliches Verbot, innerhalb eines Jahres ein weiteres Übernahmeangebot abzugeben. Dafür sind vor allem die institutionellen Investoren (100 %), die Gewerkschaften und Unternehmen (80 % bzw. 78,8 %) sowie die Finanzberater und Investmentbanken (jeweils 75 %). Weniger drastisch ist der Vorschlag, für ein Jahr ein Stimmverbot[490] in der Hauptversammlung vorzusehen (61,3 %). Jedenfalls könnte der Bußgeldrahmen, der nach der Reform des § 39 Abs. 4 WpHG durch das Anlegerschutz- und Funktionsverbesserungsgesetz zum 1. 2. 2012 auf 1 Mio. € erhöht worden ist, noch weiter erhöht werden (51,3 %); nach dem Vorschlag der Revision der Transparenzrichtlinie sind für natürliche Personen ein Bußgeld bis zu 5 Mio € und bei juristischen Personen ein solches bis zu 10 % des jährlichen Umsatzes (im Konzern des Gesamtumsatzes) vorgesehen.[491] Auch ist eine Gewinnabführung erwogen worden (33,8 %). Ob Bußgelder angesichts der wirtschaftlichen Interessen, um die es geht, einen relevanten Befolgungsdruck entfalten, hängt von der Höhe und der Wahrscheinlichkeit ihres Einsatzes ab. Einen ganzen Katalog von Sanktionen hält das Takeover Panel im Vereinigten Königreich vor.[492] Diese reichen von private censure, public censure (naming and shaming), über Widerruf von Erlaubnissen und Verbote bis hin zu einer Art Boykottaufruf

[488] OLG Frankfurt, NZG 2012, 302 (304) = AG 2012, 335.

[489] Survey Report (Fn. 89), p. 43; Expertenumfrage (Fn. 89), ZIP 2012, 1 (11). Überlegungen in der Diskussion gingen auch dahin, ob die Nichtmeldung nicht als Marktmanipulation angesehen werden könnte.

[490] Die Sanktion des Stimmrechtsverlustes wird inbesondere für Verstöße gegen die Beteiligungstransparenz bei börsennotierten Unternehmen gefordert, Antrag der Fraktionen der CDU/CSU und FDP, 12. 6. 2012, BT-Drucksache 17/9940, angenommen 14. 6. 2012.

[491] Zu Bußgeldobergrenzen zwischen 1 Mio € und 10 Mio € in Frankreich, Italien, Belgien und Portugal und zum Fehlen einer Obergrenze im Vereinigten Königreich für die Financial Service Authority Seibt/Wollenschläger, AG 2012, 305 (312 Fn. 82).

[492] Zu den disciplinary powers des Panel Takeover Code Introduction 11; dazu gehören private statements of censure, public statements of censure, Widerruf von Genehmigungen u. a. und sogar nach 11 (v) Veröffentlichung eines Panel Statement „indicating that the offender is someone who, in the Hearings Committee's opinion, is not likely to comply with the Code" mit drastischen Folgen (cold-shouldering, Fn. 493).

(cold-shouldering)[493], der dann in der City auch befolgt wird. Letzteres wäre in Deutschland verfassungswidrig[494] und ist auch vom Panel bisher nur zweimal angewandt worden. Aber auch schon die öfter verwendete public censure wäre in Deutschland problematisch.

Für die Durchsetzung des Übernahmerechts fragt sich weiter, ob die staatliche Durchsetzung durch die Aufsichtsbehörde durch *Individualrechte der Betroffenen* ergänzt werden sollte. Das ist jedoch eine sehr viel grundsätzlicher Frage nach der Kombination von staatlicher und privater Durchsetzung, die hier nicht näher behandelt werden kann.[495] Bescheidener ist die Frage nach dem *Rechtsschutz*, und zwar Drittschutz zur Erzwingung eines behördlichen Einschreitens der BaFin gegen den Bieter und Verwaltungsrechtsschutz von Drittbetroffenen gegen die Freigabe der Angebotsunterlage durch die Aufsichtsbehörde und zivilrechtlicher Rechtsschutz der Zielgesellschaft, des Bieters und qualifizierter Aktionäre gegen die Entscheidung der BaFin über die Befreiung vom Pflichtangebot.[496] Das deutsche Übernahmerecht ist zur Beteiligung Privater sehr restriktiv und verneint diese Fragen. Nicht einmal die unmittelbar Betroffenen haben nach ständiger Aufsichts- und Gerichtspraxis Informations- und Verfahrensbeteiligungsrechte. Ersteres, kein Dritt-

---

[493] Takeover Code Introduction 11: „The rules of the FSA and certain professional bodies oblige their members, in certain circumstances, not to act for the person in question in a transaction subject to the Code, including a dealing in relevant securities requiring disclosure under Rule 8 (so called „cold-shouldering").“

[494] Ebenso Seibt/Wollenschläger, AG 2012, 395 (313).

[495] Aus England z.B. Armour/Black/Cheffins/Nolan, Private Enforcement of Corporate Law: An Empirical Comparison of the UK and US, Journal of Empirical Legal Studies Vol. 6, 2009, verfügbar auch http://ssrn.com/abstract=1105355, wonach zwischen 2004–2006 keine Klagen gegen Direktoren von public companies, aber Anhaltspunkte für andere Durchsetzungsmechanismen an Stelle von Übernahmerechtsstreiten gefunden wurden. Allgemein zu den Argumenten für und wider Klöhn, Private versus Public Enforcement of Laws – a Law & Economics Perspective, in: R. Schulze, ed., Compensation of Private Losses, Munich 2011, p. 179.

[496] OLG Frankfurt, NZG 2012, 302 = AG 2012, 335 m.w.N., kein Drittschutz nach § 4 Abs. 2 WpÜG, auch nicht im Lichte der Übernahmerichtlinie. Allgemeiner Pohlmann, ZGR 2007, 1; Verse, Rechtsschutz der Zielgesellschaft und ihrer Aktionäre im Übernahmerecht? in: Mülbert u.a. (Fn. 13), S. 276; Merkt, Festschrift für Schwark (Fn. 114), S. 545 ff.; Veil (Fn. 9) unter III.2.b. Ablehnung des Rechtsschutzbedürfnisses der Aktionäre der Zielgesellschaft, gegen die Befreiung vom Pflichtangebot durch die BaFin gerichtlich vorzugehen, OLG Frankfurt, ZIP 2003, 1297 (1298 f.) m. Anm. Seibt S. 1865; OLG Frankfurt, ZIP 2003, 2206 (2207); OLG Frankfurt, ZIP 2003, 2254 (2256). Bestätigend BVerfG, NJW 2004, 3031 (3032).

schutz, ist als allein praxistauglich bezeichnet worden. Letzteres, also keine Beteiligungsrechte, ist als verfehlt kritisiert worden.[497]

Weitergehend steht in Österreich dem Bieter, der Zielgesellschaft und qualifizierten Aktionären ein *Verfahren* zur Verfügung, in dem auf *Feststellung des Bestehens oder Nichtbestehens der Angebotspflicht* geklagt werden kann, und dies *mit Wirkung inter omnes.*[498] Auch die Schweiz kennt ein Verfahren auf Feststellung des Nichtbestehens der Angebotspflicht[499] und hat 2009 eine Beschwerdemöglichkeit für die Betroffenen eingeführt, und zwar für die Zielgesellschaft, den Bieter und Aktionäre mit Anteil von über 2 %.[500] Da ein solches Rechtsmittel eine Verzögerung des Verfahrensausgangs und damit der Raschheit und Rechtssicherheit bedeutet, die gerade bei Übernahmen zentral sind, hat in der Schweiz nur die erste Beschwerde aufschiebende Wirkung, nicht aber die weitere Beschwerde an das Bundesgericht.[501] In Österreich unterliegen Bescheide der Übernahmekommission keiner Aufhebung oder Abänderung im Verwaltungsweg, die Entscheidungen selbst sind möglichst rasch, längstens innerhalb eines Monats zu treffen.[502] Rechtspolitisch stehen sich dazu paradigmatisch die Übernahmeregelungen in den USA und im Vereinigten Königreich gegenüber. Zwischen 1990 und 2005 gab es in den USA 312 feindliche Übernahmeangebote, von denen 106 vor die Gerichte kamen, während es im Vereinigten Königreich 187 und nur 2 waren, was einem Verhältnis von 33.9 % in den USA und 1 % im Vereinigten Königreich entspricht.[503] Auch die oben erwähnte Umfrage,

---

[497] Als defizitär bezeichnet in der Diskussion in: Mülbert u.a. (Fn. 13), S. 300. Vereinzelt wird das sogar für verfassungsrechtlich bedenklich gehalten, KöKoWpÜG/Giesberts (Fn. 18), § 4 Rn. 63a, 77ff., 83; Seibt, CFL 2011, 213 (222f.).

[498] § 26b ÜbG auf Antrag des Bieters („wer unmittelbar oder mittelbar Beteiligungspapiere an einer Zielgesellschaft hält"); § 33 Abs. 1 Satz 1 Nr. 2, Abs. 2 österr. ÜbG von Amts wegen oder auf Antrag der Zielgesellschaft oder qualifizierter Aktionäre; näher Diregger/Kalss/Winner (Fn. 137), Rn. 281 ff.

[499] Art. 61 ÜbernahmeVO, Gesuch um Festellung des Nichtbestehens der Angebotspflicht. Dazu Gericke/Wiedmer (Fn. 208), Art. 61.

[500] Art. 33b Abs. 3, 33c Abs. 3 BEHG; dazu Watter/Vogt (Fn. 157) zu Art. 33b und c, auch Art. 61 Rn. 21; befürwortend Verse (Fn. 496), S. 295; auch Diskussion in Mülbert u.a. (Fn. 13), S. 75f., 300f.; kurz auch External Study (Fn. 4), p. 264 et s.

[501] Watter/Vogt (Fn. 157) zu Art. 33d Rn. 6.

[502] § 30 Abs. 1 Satz 2 und Satz 1 ÜG, dort auch zu Ausnahmen von der Frist.

[503] Zahlen nach Armour/Skeel (Fn. 25), 95 Geo.L.J. 1727 at 1748, auch ECGI Law Working Paper 73/2006, p. 25; idem, The Divergence of U.S. and UK Takeover Regulation, in: Regulation Fall 2007, p. 50 at 53. Zuletzt Krishnan/Masulis/Thomas/Thompson, Shareholder Litigation in Mergers and Acquisitions, Journal of

ob die Befreiung vom Pflichtangebot durch die Aufsichtsbehörde einer gerichtlichen Kontrolle unterworfen werden solle, ist bei den Befragten auf durchaus unterschiedliche Reaktion gestoßen, 51 % waren für eine Anfechtungsbefugnis des Bieters, 40 % für eine solche der Zielgesellschaft und nur 34 % für eine solche der Aktionäre der Zielgesellschaft.[504]

Das spricht am ehesten für vorsichtige Mittellösungen, etwa dahin, den Rechtsschutz jedenfalls der unmittelbar Betroffenen über die vorhandenen Möglichkeiten hinaus[505] zwar weiter auszubauen, möglicherweise auch ein Feststellungsverfahren auf Nichtbestehen[506] oder auch auf Bestehen der Angebotspflicht einzuführen,[507] aber dabei auf Vorkehrungen zu achten, die eine rasche Durchführung ohne Möglichkeit erpresserischer Verhaltensweisen und mit Wirkung inter omnes sicherstellen. Dazu gehört auch, wie schon erwähnt, die Konzentration der gerichtlichen Verfahren auf spezialisierte Gerichte bzw. Kammern,[508] wie sie in Deutschland beim WpÜG-Senat des OLG Frankfurt a. M. besteht. Die drastischen Unterschiede der Meinungen und Lösungen zeigen, dass die Frage der Durchsetzung allein den Mitgliedstaaten überlassen bleiben sollten und nicht auf die europäische Ebene gehoben werden dürfen.

Corporate Finance 18 (2012) 1248, abrufbar unter http://ssrn.com/abstract=1722227; für Delaware Cain/Davidoff, Takeover Litigation in 2011, February 6, 2012, abrufbar unter http://ssrn.com/abstract=1998482; Armour/Black/Cheffins, Delaware's Balancing Act, 87 Indiana Law Journal 1345 (2012), abrufbar unter http://ssrn.com/abstract=1677400.

[504] Expertenumfrage (Fn. 89), ZIP 2012, 1 (8); vgl. aber auch Survey Report (Fn. 89), p. 32.

[505] Zu diesen näher OLG Frankfurt, NZG 2012, 302 (304 f.) = AG 2012, 335.

[506] Von Falkenhausen, ZHR 174 (2010), 293 (315 f.): nur für den Bieter, nicht allgemeiner für die Aktionäre der Zielgesellschaft.

[507] Merkt, Festschrift für Schwark (Fn. 114), S. 529 (541 f.); Verse (Fn. 496), S. 298 f.; KöKoWpÜG/Versteegen (Fn. 18), § 37 Rn. 76 m. w. N.

[508] Oben V 3 b eingangs.

VI. Zusammenfassung in Thesen[509]

1. Die Revision der 13. Richtlinie über Übernahmeangebote

(1) Die 13. Richtlinie über Übernahmeangebote muss nach Art. 20 auf der Grundlage der bei ihrer Anwendung gewonnenen Erfahrung fünf Jahre nach dem Umsetzungsdatum vom 20. 5. 2006 revidiert werden. Diese Überprüfung schließt eine Untersuchung der Kontrollstrukturen und Übernahmehindernisse für Übernahmeangebote ein, die nicht in den Anwendungsbereich dieser Richtlinie fallen. Die Kommission hat dazu auf der Grundlage einer Untersuchung von Marccus Partners und des Centre for European Policy Studies am 26. 6. 2012 einen Anwendungsbericht veröffentlicht. Die sehr kontroverse Diskussion dazu ist voll im Gange. Die vorliegende Schrift nimmt dies zum Anlass einer rechtsvergleichenden Untersuchung zum Europäischen Übernahmerecht, verstanden nicht nur als 13. Richtlinie, sondern als Gemeinsamkeiten und Unterschiede der Übernahmerechte der Mitgliedstaaten im Hinblick auf einen europäischen Markt für Unternehmenskontrolle.

(2) Die Erfolgs- bzw. Mißerfolgsbilanz der Umsetzung der 13. Richtlinie wird sehr unterschiedlich beurteilt. Die Kommission ist nach ihrem Zwischenbericht vom 21. 2. 2007 enttäuscht. Der Kompromiss der Richtlinie durch Options- und Reziprozitätsregeln hat im Ergebnis eher zu einer Bewegung weg von bieterfreundlichen Regeln (Verhinderungsverbot mit Durchbruchsregel, Art. 9, 11) geführt. Dem stehen jedoch beim Pflichtangebot (Art. 5) ein überwiegender Erfolg und bei den übrigen Regeln zu den allgemeinen Grundsätzen, zur Aufsicht, zur Publizität, zum Verfahren und zum squeeze-out und sell-out ein erheblicher Erfolg gegenüber. Unverkennbar ist aber allenthalben eine erhebliche Protektionismusgefahr.

(3) Öffentliche Übernahmen werfen eine Fülle von Verfahrens- und Schutzproblemen auf. Betroffene sind auf der einen Seite die Zielgesellschaft, ihr Vorstand und Aufsichtsrat (die Verwaltung), die Aktionäre der Zielgesellschaft sowie die Arbeitnehmer und andere stakeholder, auf der anderen Seite die Bietergesellschaft und ihre Aktionäre. Öffentliche Übernahmeangebote haben über die verschiedenen Einzel- und Grup-

[509] Diese Thesen entsprechen teilweise denen, die der Verf. beim Mainzer Übernahmerechtssymposium zu einem Ausschnitt der hier behandelten Problematik vorgetragen hat und in Mülbert u. a. (Fn. 13), S. 70 ff. abgedruckt sind.

peninteressen hinaus eine besondere wirtschaftliche Funktion. Sie spielen sich am Markt für Unternehmenskontrolle ab, an dem der Wettbewerb um Kontrolle über Unternehmen stattfindet. Manches spricht dafür, dass ein funktionierender Markt für Unternehmenskontrolle die Allokation der in den Unternehmen gebundenen Ressourcen tendenziell verbessert und den Strukturwandel der Volkswirtschaft befördert.

(4) Für Europa und das europäische Übernahmerecht ist die Mutterregulierung die im Vereinigten Königreich. Dort gibt es seit 1967 den gesetzlich nicht kodifizierten City Code on Takeovers and Mergers, der auch nach Erlass und Umsetzung der Richtlinie über Übernahmeangebote von dem Panel on Takeovers and Mergers, das keine staatliche Behörde ist, administriert wird. Diese Regelung ist in verschiedenen europäischen Staaten noch vor Erlass der Richtlinie im Jahre 2004 rezipiert worden und hat auch die Richtlinie erheblich beeinflusst.

(5) Rechtspolitisch umstritten ist, inwieweit das Übernahmerecht europäisch geregelt werden sollte. Während die einen gegen weitere Europäisierung sind oder sogar eine Renationalisierung fordern, fordern andere mehr Harmonisierung. Dazu gibt es einen ganzen Katalog von Regelungsforderungen aus Wissenschaft und Praxis.

(6) Umstritten ist auch, ob das Übernahmerecht zwingend oder dispositiv sein sollte. Ökonomen stehen einer gesetzlichen Regelung skeptisch gegenüber und fordern teilweise ein „neutrales" Übernahmerecht mit voller Satzungs- und Hauptversammlungsautonomie. Dagegen stehen die rechtspolitischen Überzeugungen, die schon zu der Richtlinie geführt haben, nämlich Minderheitenschutz, Marktöffnung und Rechtssicherheit.

2. *Pflichtangebot*

(7) Während vor allem wirtschaftswissenschaftliche Meinungen das Pflichtangebot für verfehlt halten (Verteuerung der Übernahmen), geht die ganz überwiegende Meinung in Wissenschaft und Praxis dahin, dass das Pflichtangebot als early exit option eine unverzichtbare Minderheitsschutzrolle spielt. Nicht überzeugen kann der Einwand, die (partiellen) ökonomischen Kosten des Pflichtangebots könnten durch besseren Schutz der Minderheitsaktionäre nach Übernahme bzw. im Konzern erspart werden.

(8) Es gibt jedoch eine ganze Reihe speziellerer Reformfragen zum Pflichtangebot, die aufzugreifen teils Aufgabe der Europäischen Kommission wäre, teils eine solche der nationalen Gesetzgeber. Zu diesen Reformfragen gehören: a) die Kontrollschwelle; b) das opting up und opting out; c) das low balling und das creeping in; d) die Kontrollausübung auf Grund eines Stimmbindungsvertrags; e) die Ausnahmen vom Pflichtangebot und f) die Preisbemessung.

3. Verhinderungsverbot

(9) Hauptstreitpunkt ist das Verhinderungsverbot (Art. 9) mit der Durchbruchs-, Options- und Reziprozitätsregelung (Art. 11, 12). Die politischen und wissenschaftlichen Fronten sind hier dieselben wie bei der Einführung der Richtlinie 2004. Der Vorstellung, der Vorstand (board) nehme nur die Interessen der Aktionäre an Abwehr oder besserem Preis wahr (dies unter Berufung auf die USA), steht die Befürchtung entgegen, der Vorstand habe gravierende Eigeninteressen an der Erhaltung seines Amtes, die seine Entscheidungen beeinflussen können (entrenchment, Berufung auf das Vereinigte Königreich).

(10) Der Markt für Unternehmenskontrolle wird ganz überwiegend als Faktor der externen Corporate Governance angesehen. Das heißt: Übernahmen spielen nicht nur eine Rolle bei der Allokation von Ressourcen mit der Folge, dass das Kapital zum richtigen Wirt geführt wird, sondern können auch die Vorstände zu besserer Leistung für die Aktionäre anspornen (disciplinary mechanism). Denn diese laufen bei nicht abgestimmten Übernahmen, vor allem bei feindlichen, ein erhebliches Risiko, vom erfolgreichen Bieter abgewählt zu werden. Dieser Effekt, also ein externer Schutz vor eigennütziger Abwehr von Übernahmen durch das Management (entrenchment), beruht auf der bloßen Möglichkeit solcher Übernahmen (contestability).

(11) Diese disziplinierende Funktion, auch wenn sie ihrerseits begrenzt ist, hat zwar durch die Verbesserungen bei der (internen) Corporate Governance in den letzten Jahrzehnten und durch die größere Rolle, die institutionelle Anleger am Markt und, wenn auch noch sehr eingeschränkt, in den Hauptversammlungen spielen, Unterstützung bekommen. Aber wie die vielfältigen Reformbemühungen zur Rolle des Board und zur Aktivierung der institutionellen Anleger zeigen, reichen diese bei

weitem nicht aus. Ein funktionierender Übernahmemarkt ist nach wie vor der effektivste Kontrollmechanismus.

(12) Die Kommission wird sich nicht wie ursprünglich unter Kommissar Bolkestein für eine Reduzierung der Options- und Reziprozitätsregeln stark machen. Einen beachtlichen Vorschlag für zwei Korrekturen hat jedoch jüngst Paul Davies von Oxford gemacht. Zur Vermeidung von Protektionismus sollte die Option nicht den Mitgliedstaaten (Art. 12 Abs. 1), sondern nur den Gesellschaften selbst offenstehen, und das Opt in (Art. 12 Abs. 2) sollte durch ein Opt out der Aktionäre (aus dem grundsätzlichen Verhinderungsverbot des Art. 9) ersetzt werden.

4. *Übernahmeverfahren und Aufsicht*

(13) Das Übernahmeverfahren und die Aufsicht sollten bei der Revision stärkere Beachtung finden. Zu klären ist insbesondere das Verhältnis zwischen einer europäischne Aufsicht und den nationalen Aufsichten. Denkbar wäre es, der European Securities and Markets Authority (ESMA) mehr Befugnisse, jedenfalls im Zusammenwirken mit den nationalen Übernahmeaufsichten, zuzubilligen.

(14) Offene Fragen gibt es auch bei der Durchsetzung und beim Rechtsschutz. Beides ist unterentwickelt. Zu denken wäre an eine Verschärfung der Sanktionen und eine Stärkung der Individualrechte der Betroffenen. Dabei ist allerdings auf Vorkehrungen zu achten, die eine rasche Durchführung ohne Möglichkeit erpresserischer Verhaltensweisen und mit Wirkung inter omnes sicherstellen.